あなたこそが救世主《メシア》

WATARASE
Vol.2
——わたらせ——

大森和代
Kazuyo Omori

たま出版

プロローグ
――自由に使える時間があるという贅沢――

この世の中で一番の贅沢は、
自分が自分のために使える自由な時間があることです。
その贅沢を楽しまなくてはもったいない。
なんの拘束もない、誰かにうるさく
「ああしろ、こうしろ」と言われるわけでもない。
そんな自由な時間をもつことができたのは、
ある意味、神からの褒美をもらったと思えばいい。

老後、つまりこの人生の終盤を迎えたときに、
そんな褒美をもらう人が多い。
その時間を孤独だと感じるのも、
やることがなくて退屈だと思うのも、
体が自由に動かないから早くお迎えがきてほしいと考えてしまうのも、
あなた方の自由です。しかし、ほんとうの神の思いは、
今回、あなた方がそれなりにがんばって生きてきて、
この一生の幕を閉じるときに、
自分自身を振り返るおだやかな時間を過ごしてほしいということです。
反省するべき点は反省し、まだやり残したと思うことは、
やってチャレンジしてみる…。
そんなことをして、その贅沢な時間を自分なりの楽しみ方で楽しみ、
充実させてほしいのです。
なにも難しいことを言っているわけではない。

思う存分に楽しんでほしいだけなのです。

かわいい子らに…。


これは、スピリチュアル・カウンセラーをしている私を通じて神様からいただいたメッセージです。

近年、孤独死や無縁社会がメディアで取り上げられることが多くなりました。社会や家族とのつながりが希薄になり、多くの人が孤独に亡くなっている状況を特集しているようです。

孤独死で亡くなった方をまわりからみると、「ひとりぼっちで身よりもなく、死んでしまって気の毒」と感じるかもしれません。しかし冒頭のメッセージにもあるように、神様は「それが不幸とばかりは言えません。人間にとっての一番の幸せは、自由になる時間があることです」とおっしゃっているのです。孤独死をされた方の中には、ひとり自由気ままに自分の人生を謳歌《おうか》した人もいらっしゃるのです。

一般に、自宅で孤独死をされた方は変死扱いとなり、その後は地縛霊となるようです。ただし、それは若い方がひとりで亡くなった場合です。ある程度お年を召された方が眠るように亡くなった場合、「それはたまたま発見が遅れただけであり、地縛霊にはなっていないケースもある」と神様はおっしゃっています。まわりからみると孤独死と扱われるケースでも、ご本人はやすらかな最期を迎え、幽界に旅立たれているのです。

先日、テレビで孤独死の特集を見ているとき、画面に亡くなったご霊さんの姿が映っていました。年齢は八十歳を超えたくらいでしょうか。その方は孤独死として発見されたようなのですが、とくに苦しそうな表情ではありません。神様に「この方は地縛霊でしょうか?」とおうかがいすると、「この人は地縛霊ではありません。身内もなく、ひとり暮らしで質素な生活でしたが、最期まで自分の好きなことができて幸せでした。四十九日には神裁きを受けにいくこともできます」とおっしゃっていました。

現在、ひとり暮らしの方は不安の毎日をお過ごしかもしれません。しかし、自分なりの方法で楽しんでいただければと思います。楽しむといっても、お金をかけるということではありません。たとえば、いままでの人生を振り返ってみたり、今日一日の気持ちを日記にしたためてみるなどはいかがでしょう。手で文字を書くことが難しい場合、レコーダーに自分の声を吹き込むこともできます。そうして、自分ひとりの生活がどのようなものか、文字や音声で残しておくのです。

今の気持ちを文字や音声で残すことで、気持ちを落ち着けることができるでしょう。さらに、それを次の世代の人たちが読んだり聞いたりすることができます。あなたの生きた証しが残る方法です。そうすれば、ひとり暮らしの方々が、必ずしもさみしい毎日を過ごしているわけではないということを理解できるでしょう。ひとり暮らしの方々がどのような気持ちで毎日を過ごしているのかを理解することで、まわりの方々の対応のしかたも変わってくるのではないかと思うのです。それも、「人の役に立つ」「人のために生きる」ことであるといえるのではないでしょうか。

＊＊＊

二〇一〇年三月に『WATARASE―わたらせ―』（たま出版）という本を出版し、予想を上回る反響をいただきました。その書籍では、私の幼少期からの不思議な体験をはじめ、霊的存在や魂を磨くことの大切さ、さらには神様からいただいたお言葉の一部をご紹介しています。出版社の方からは、「スピリチュアルなメッセージを含む書籍としては異例の売れ行きを記録し、増刷に次ぐ増刷で発売から十一カ月ですでに五刷目に入っています」と報告を受けました。これも読者のみなさまのあたたかいご支援のおかげです。心から感謝しております。

読者の方から寄せられる質問や相談の内容はたくさんあります。一番多い病気の相談をはじめ、仕事や人間関係、家族の問題、先祖供養などさまざまです。

ご連絡いただく際、「どうしても大森さんに会いたい」と懇願される方が少なくありません。話をうかがうと、「霊能者からカウンセラーまであらゆる人に相談したけれど、解決の糸口がつかめない。もう大森さんしかいない」とおっしゃるのです。

相談する先がなくなり、最後の望みの綱として私に会いにきてくださるのでしょう。

また、私は現在、神様からのお言葉をみなさまにお伝えするために講演会にゲスト出演し、日本各地を回らせていただいています。講演会でみなさまにお会いすると、「大森さんの本を読んで講演会に参加したんです」とおっしゃる方が多くてびっくりしています。ほかにも、「こんなにいい話はみなさんに伝えなくては」と言ってくださって『WATARASE』を数十冊も購入し、知り合いの方にも勧めていただいた方も数多くいらっしゃいます。大変ありがたく思っています。

こうして本を出版したことで、悩みを抱えて苦しんでいる方が多いことを痛感しています。だからこそ、そのような悩みを抱えている方のお力に少しでもなればと思い、今回二冊目を上梓することにしたのです。

スピリチュアル・カウンセラーとして活動する私の使命は、いまこの世界に生きている人たちに神様のお言葉をお伝えし、正しい方向へと導くお手伝いをすることです。本を出版し、多くの反響をいただいたということは、私の活動が少しはみなさまのお役に立てているのだと感じております。

今回の書籍の内容は、一作目とは異なります。前作は私の幼少期からの経験談がベースになっていました。今回の二作目は、みなさまからの相談の数々を抜粋して、ほんの一部ですが紹介し、それらに対する神様の慈悲深いお言葉をご紹介しています。神様はときに優しく、ときに厳しく、人びとの幸せを願う気持ちでメッセージをお伝えになります。そのお言葉を私が代弁することで、悩みや疑問が解決に向かうことが少なくありません。

読者の方々には、ぜひ、ご自身に当てはめて本書をお読みいただければと思います。自身と照らし合わせて神様のお言葉に耳を傾けることで、なんらかの解決の糸口がつかめると信じています。

最近、パワースポットめぐりや仏像鑑賞がブームになっているようです。パワースポットは日本各地の寺社仏閣に存在しているといわれています。そうした場所が人気となるのは、殺伐とした現代社会を生きる人たちが癒しを求めている証拠でしょう。

こうした流れは、人びとが癒しを求めているからだけではありません。その根底には、人びとの神を求める気持ちがあるのです。

神様がいらっしゃる世界は神界《しんかい》と呼ばれ、私たち人間もこの世での人生を三十回終えるとその場所に行きます。神界にいらっしゃる神様のお顔は仏像の表情に近く、だからこそ人びとは仏像を見てホッと心が和むのでしょう。人びとの魂が、意識せずとも神様を求めるようになってきているのです。これはとてもいい傾向だと考えています。

ほんとうの神様はいらっしゃいます。私はスピリチュアル・カウンセラーとして、神様との対話を通して「地球や人類の未来」「人間が生きるほんとうの目的」「人間としての正しい生き方」「この世や宇宙のほんとうのしくみ（姿）」などについて詳しく教えられています。その一部を本書でもご紹介していますので、ぜひご一読いただければと思います。

目次

第一部

奇跡の面談

面談の申し込みが殺到

いま私はスピリチュアル・カウンセラーとして、神様のお言葉をお伝えしたり、ご先祖様など亡くなった方の霊を呼び出して会話をしたり、面談にみえた方の苦悩や病気を解決する手助けをさせていただいています。この第一部では、面談で実際に受けた相談や悩みと、それに対する神様のお言葉をお伝えしたいと思います。

私が面談でおこなっているのは、神様から許された〝霊査《れいさ》の業《わざ》〟と呼ばれるもので、体についている憑依霊のことや霊的な現象の真相を神様に教えていただくことができます。また、病気だけでなく、神様と対話することにより、（教えていただける方についてのみ）相手の体の状態や心の中で考えていることなどもわかります。

私のもとに面談に来られる方は、難病・奇病を患っていたり、病院で精神病と判断されるなど、さまざまな悩みを抱えた方がいらっしゃいます。あるいは病気だけでなく、心のトラウマを引きずっていたり、自分のいやな部分を変えることができなかったり、自分を高めることができずに悩んでいる方もいらっしゃいます。ほかにも、事業がうまくいかない方、仕事先や家庭内での人間関係がうまくいかないと悩んでいる方もおみえになります。

こうした方々に霊査をさせていただくことで、原因不明の難病や不幸現象の真相が判明することも少なくありません。面談を通して病気がよくなったり、運が開けるといった数々の奇跡が起こるのです。

ただ、霊査をする際には、極限状態まで集中して他次元と交信しなければなりません。そのため、心身にかかる負担が大きく、多くの方の面談に応じることが難しいのです。

ところが、書籍を出版後、読者の方々から「大森さんに会いたい」という問い合わせが出版社に殺到してしまいました。しかし、「個人面談はあまりお受けできないのです」と出版社の方にお伝えしていましたので、出版社の方々が少々困ってしまったのです。いまもその状況が続いているようです。

現在も、かなりの数の方が面談の順番待ちをされている状態です。面談をお受けさせていただくのは、面談を希望されるご本人、あるいはそのご家族が、第二部でお伝えする講演会に参加されていることを条件とさせていただいています。

面談に来られる方の中には、病院で精神病と診断されたり、うつや引きこもりの方もいらっしゃいます。そういう方は日によっては調子が悪くなり、「面談の日に外出できないかもしれない」とご家族が心配されるようです。しかし、神様が面談するとおっしゃった方に関しては、うつや引きこもりの方でも面談日は不思議と外出できるのです。

面談を希望される方の多くが「とにかく早くお会いしたい」と言われるのですが、基本的にはお受けした方から順番にさせていただいています。

ただし、例外もあります。ごく稀《まれ》に、神様が「この方は早く面談してあげなさい」「この方は現段階ではまだ症状が軽いので、いま面談をすれば助かります」と、順番を早めるよう指示される場合があるのです。ちなみに、私の判断で特定の方の面談を早めることはできません。

では、ここからは、私のもとに面談に来られた方の中で、読者の方の参考になるような事例をご紹介したいと思います。個人面談はプライベートな内容を含みますので、個人情報を省くなど内容を少し変更してご紹介します。

◆統合失調症の方のケース◆

前生（世）の記憶が残っていた男の子

統合失調症と病院で診断された方が面談に来られるケースが増えています。統合失調症とは、幻覚や幻聴、妄想などが起こる精神疾患のひとつで、ご家族の方が心配して面談に連れてこられるのです。

以前、あるお母さんが、統合失調症で入院中の息子さんを連れて面談にいらっしゃいました。「なぜ息子さんを入院させたのですか？」とうかがうと、「ある日突然、訳のわからないことをしゃべりはじめた」とのこと。家族の誰にも理解できないことをあまりにも言うので対応に苦慮していたところ、ついに息子さんがお父さんを殴ってしまったといいます。それを機に、「もう家には置いておけない」ということで病院に連れていったところ、お医者さんから「息子さんは統合失調症です。三カ月は入院が必要でしょう」と診断されてしまったのです。

お母さんから話を聞いているとき、神様が「この男の子の家族に対する言動は前生（世）に関係がある」とおっしゃいました。そこで、息子さんの前生（世）――江戸時代に日本に生まれていました――について神様に詳しくおうかがいし、その内容をお伝えしたのです。

すると、お母さんも息子さんも目をまん丸に見開き、驚きの表情を浮かべています。そしてお母さんがこうおっしゃいました。

「この子が入院前にしゃべりだした内容は、いま大森先生がおっしゃった内容とまったく同じなんです！」

つまり、この男の子は前生（世）の記憶をご家族に伝えようとしていたのです。

ちなみに、この息子さんは統合失調症で入院されているとはいえ、普通に受け答えができます。今回の場合、お母さんが講演会に参加され、息子さんを私に会わせるために病院に外出許可を取り、岐阜までやって来られたのです。

おふたりが相談にみえたとき、まず私は「息子さんはどこもおかしくないですよ」とお伝えしました。息子さんには前生（世）の記憶が残っていて、その内容をしゃべっていただけだったからです。おそらく前生（世）の記憶と今生（世）の内容がごちゃまぜになり、前生（世）の記憶をつい口に出してしまっていたのでしょう。

お父さんを殴ってしまったことについても、息子さんは「お父さんに対してひどいことを言ったり殴ってしまったのは悪かったと思っている。でも、お父さんがちっともわかってくれないし、『お前は頭がおかしい！』とまで言われ、ついカッとなって手を出してしまったんだ」と反省されていました。

息子さんはその後、前生（世）の話の続きをしゃべりはじめました。その内容は、私が神様からうかがった内容とまったく同じです。しばらく私と息子さんとのあいだで前生（世）の話が盛り上がっていると、横で聞いていたお母さんは口をポカンと開けて、不思議そうに私たちの話に耳を傾けていらっしゃいました。

息子さんは病院で統合失調症と診断されていますが、どこもおかしなところはありません。ただ前生（世）の記憶が残っているだけなのです。そのことをお母さんに説明し、「病院から早く出してあげてください」とお伝えしました。病院に入院すると、息子さんの場合は、本来は必要のない精神安定剤などの薬を飲まされ、体に負担をかけることになってしまいます。

こうしたケースでは、病院から退院させてあげることに加え、もうひとつ大切なことがあります。それは、ご家族が息子さんを理解してあげることです。「この子には前生（世）の記憶が残っている」とご家族がまず理解し、受け入れたうえで接してあげるのです。そうすると、息子さんも気持ちを乱すことなく生活できるようになるはずです。

面談終了後、「今日は大森先生にお会いできてほんとうによかったです。ありがとうございました」と喜んでいただきました。

とくに息子さんに関しては、来たときと帰るときでは顔つきがまったく変わっていました。そして、「あまりにもみんなに否定されるので、『やっぱり俺は頭がおかしいのかな』と自信がなくなりかけていました。でも大森先生の話を聞いて自信を取り戻しました」と言い、安心した穏やかな顔で帰っていきました。自分の言動はおかしくないとわかり、失いかけた自信を取り戻したのです。その姿を拝見して、私もうれしく思いました。

統合失調症の場合は、お医者さんでもその原因がはっきりとわからないケースがあるようです。原因がわからないから、統合失調症と病名をつけ、安定剤を飲ませて落ち着かせるのです。しかし、病院で統合失調症と診断されても、実際には病気ではないことが少なくありません。今回の男の子のように、前生（世）の記憶が残っていたり、霊障――前生（世）のうらみの霊など――が原因のときもあるのです。お医者さんにかかることを否定しているのではありません。しかし、「霊査によってその真相が判明することもある」というのをご理解いただければと思います。

最近では、こうしたことに気づきはじめたお医者さんが増えています。私がゲスト出演させていただいている奇跡の講演会にも、そうしたお医者さんが来られているようです。

◆うつ病の方のケース◆

竜神様の姿が見えていた女の子

うつ病の方もよく面談におみえになります。以前、お母さんが、うつ病で引きこもりの娘さんを連れてこられました。そのお母さんは講演会に参加されていて、娘さんを私に会わせたいと思われたようです。

話をうかがうと、「娘が『家の廊下にヘビがいる』と言うのですが、家族はなにも見えないんです。この子はおかしいのでしょうか？」と心配されています。

そこで霊査をさせていただくと、「この女の子が見ているのは、ヘビではなく竜神です」と神様がおっしゃいました。どうやら、そのご家族が住む家の土地に昔から竜神様がいて、娘さんはその姿を見られていたようなのです。

さらに神様は、次のような話も語られました。

そのご家族の何代も前のご先祖様が、「その土地に家を建てるように」と神様から言葉を授かり、なにもない土地に移り住んで開墾し、家を建てたというのです。

そのことをお母さんにお伝えすると、「じつは何代も前のご先祖様が、突然、いまの土地に引っ越して家を建てたとは聞かされていました。それ以来、何代にもわたって同じ場所に住んでいます。ただ、ご先祖様がなぜ突然、あんな田舎に引っ越したのか、意味がわからなかったのですが、先生の今のお話を聞いてようやく理解できました」と納得の表情を浮かべられています。

私が透視をさせていただくと、その方の家の土地はかなり広く、敷地内には神社のような建物もありました。その建物に竜神様が住んでいるのでしょう。よって、そのご家族の家に竜神様がいるのではなく、竜神様が守る土地に家を建てたので、霊感の強い娘さんがその姿をたびたび目にされていたようです。

この娘さんもうつ病ではありません。ただ竜神様の姿が見えているだけなのですから。そのことをお母さんに説明し、「ご家族のみなさんが、彼女の言うことを受け入れてあげてください」とお伝えしました。

他人がなんと言おうとかまいません。まずご家族が娘さんの言葉を理解してあげてほしいのです。「ヘビが見える」と言うのであれば、「ヘビはどこにいるの？　じゃあ、ヘビに向かってありがとうって言ってあげましょうね」などと話を合わせ、受け入れてあげる。それだけで、霊が見える方の心はとてもらくになります。

本人が見えると言っているにもかかわらず、家族が疑い、「へんなものが見えるということは、きっと頭がおかしくなったに違いない」「悪いものにとりつかれているのかもしれない」などと決めつけてしまう。それでは、家族がうつ病をつくっているようなものです。誰よりも身近な家族にすら信じてもらえない——このことが本人を精神的に追い込み、ほんとうにうつになってしまうのです。

この娘さんのように、引きこもりのご家族をもつ方、さらにはニートや不登校のご家族をもつ方に、神様からメッセージをいただいています。以下にご紹介させていただきますので、ぜひ参考にしていただければと思います。

神様からのお言葉

ニート、引きこもり、不登校は決して怠けているわけではない。
自分たちは、これではいけないとよくわかっている。
まわりがもっと理解してあげ、支援してあげなくてはならない。
その者、一個人の問題だけではない。
社会がつくり出している問題でもある。
ある意味、そのようになったのは、このゆがんだ世の中、
ひずみが生じた社会が原因。
まだ若く汚れを知らない清らかな魂の者が犠牲者となっている。
このような社会であっても、なんとか網の目をくぐりぬけ、
清らかに生きている者もいるという姿を見せてやることで、

安心して外へと出られる。
親や家族、友人、知人などの協力者が
その者たちに合う環境を早く探してあげること。
その者を救うのは、その者と親しい者でなくてはならない、できない。
みんな待っている。もがきながら待っている。

動物霊がついていた男性

次は、別のうつ病の方のケースをお伝えします。その男性は農家の方で、ものすごい数の動物霊がついていました。その男性のお姉さんが講演会に参加され、うつ病の弟を心配して連れてこられたのです。

まずひととおりお話を聞かせていただき、霊査をおこなったところ、動物霊のほかにもいろいろと原因があることがわかりました。そこで、神様のお言葉をその男性にお伝えしたのですが、椅子に少々ふんぞり返って座り、いかにも胡散《うさん》臭そうに私の話を聞かれています。

それも無理のないことでしょう。講演会に参加されたお姉さんが、半ば無理やり連れてこられたのです。突然、「動物霊がついている」と言われても、信じる気になれるはずもありません。ご本人も、「動物の霊なんて体につくもんですかねえ」と、話を受け入れようとはされませんでした。

ところが、ご自宅の話になって態度が急変しました。霊査でその男性のご自宅の様子を透視して拝見すると、地縛霊がたくさんいるのが見えたのです。そこで、「家の敷地のどこどこに車庫があって、その場所に地縛霊が多いですよ」と、ご自宅の様子を詳細に説明しました。すると、先ほどまで椅子にふんぞり返って座っていたにもかかわらず、急に前のめりになり、「なんで家の様子がわかるの？　なんか家がのぞかれているみたいだけど」と、お姉さんに不思議そうに耳打ちしはじめたのです。お姉さんも、「だからいろいろわかる先生って言ったでしょ」と小声で返されています。

そこで今度は男性の心を読み、その内容をすべてお伝えしました。すると、「まいったなあ。心までのぞかれるなんて。こんなことがほんとうにあるものなんだろうか」と驚かれています。

面談が終わっても、「なんで家や心の中までわかるんだ。こんな不思議なことがほんとうにあるんだろうか」とひとり言のようにつぶやきながら首を傾げ、帰っていかれました。

ちなみに、この男性の場合には、「いまここで動物霊をきるので、うつは治ります」と説明したうえで、霊をきらせてもらいました。ちなみに、この〝霊をきる〟とは、「消霊《しょうれい》」とも呼びます。これは、体についてわざわいを起こしている霊の中でも、サトる見込みがないと神様が判断された悪い霊を消し去ることです。先祖霊やサトる見込みのある霊の場合は、サトらせます。

こうして霊をきらせていただいたことで、この男性は気味が悪いと思われたかもしれません。しかし、「目に見えない世界も存在するのだな」ということは、なんとなく理解してもらえたと思います。この方はその後、「体調がすっかりよくなり、うつが治った」ということで、私も安心いたしました。

講演会に参加されたご本人が面談にみえたときは、すでに私のことをある程度は理解されています。でも、私のことをまったく知らない人の場合、面談時の驚きのリアクションがおもしろかったりします。

おそらく神様は、目に見えないことを信じていない人ほど、普通ではわかるはずもない真実をいろいろと教えてくださるのでしょう。神様がその人を救いたいと思われているからこそ、奇跡の体験を通じて「目に見えない世界も存在する」という事実を教えられているのです。

私の能力がすごいのではありません。神様が私の体を使い、「この世に神は存在する。だから神の存在を受け入れ、神の言うことを信じるのが救われる道です」とお伝えになっているのです。

病院で地縛霊にとりつかれたお医者さん

あともう一例、うつの方のケースをお伝えしたいと思います。その方はお医者さんで、ある病院に勤務した途端に調子が悪くなり、うつと診断されたとのことでした。

話を聞いて霊査をさせていただくと、勤務先の病院にあまりにも地縛霊が多く、やさしいその先生は一気にとりつかれてしまったようです。さらにその方の場合は、精神的なこともうつの原因のひとつになっていました。

ちなみに、病院には地縛霊や浮遊霊が多くいます。なぜなら、手術中に亡くなると地縛霊になるからです。また、病死をされた方は死後も体の苦しみが続きます。そのため、肉体はないけれども「病院に行けば楽になるかもしれない」と思い、病院を浮遊霊としてうろうろされているのです。

そのお医者さんについては、神様から詳しくご指示をいただきました。たとえば「いまの職場は辞めてこういう病院に変わるといい」「こういう専門医をめざすといい」「こういう教授を頼りなさい」などです。神様がここまで細かいご指示をされることはめずらしいので、私も驚かされました。

こうして神様から指導いただいたとき、素直に従う人と、「ああそうか」で終わってしまう人のふたつのパターンがあります。この両者では、その後の行き先がまったく違ってきます。神様のお言葉を素直に受け入れ、即実行に移される方は、その後、しくまれていくのです。しくまれるとは、つまり〝人生が望みどおりになっていく〟ということです。

神様のご指示をいただいたあと、素直に実行された方の場合は、面談後に「おかげさまで体がよくなりました。ありがとうございました」と感謝されることがよくあります。神様のメッセージどおりに実行したことで、悩みや病気が解決したのです。

一方、面談を受けたにもかかわらず、「もう一度お会いしたい」と言ってこられる方の場合、しくまれないことが多いようです。そういう方に「神様のご指示を受け入れて実行されましたか?」とうかがうと、「しようと思ったのですが、結局できていません」とおっしゃられる方がほとんどです。素直に実行しなかったので、しくまれなかったのです。

神様のお言葉を実行するのは、タイミングも重要です。たとえば、神様のご指示があってから一年後に思い出し、ようやく実行したとしても、しくまれることはありません。それでは遅すぎてタイミングをつかみ損ねているのです。やはり、神様に言われたそのときを逃してはいけないということです。

神様のご指示に従って実行しなかった場合、反対にもっと大きな苦労がやってくることもあります。神様がせっかくご指示を与えてくださっているにもかかわらず、それを守らず実行しない場合、その姿を神様は見ていらっしゃいます。そうすると、「さらに試練を与え、気づかせてやろう」と神様が思われることもあるのです。神様のご指示とはいっても、その方が必ずできることしか神様はおっしゃりません。もちろん、お金がかかるようなご指示もありませんので、ご安心いただければと思います。

面談を希望される方の多くは、素直に実行されているようです。面談を心から求めて来られているので、神様のお言葉を素直に受け入れてくれるのでしょう。

病気や不幸現象は、霊障だけでなく心の問題が原因となっている場合があります。自分のおこないや考え方を反省し、見直すために病気や不幸現象が与えられている場合もあるのです。神様は「生きているうちになんとか気づかせたい」「なんとか役目に目覚めてほしい」という思いを抱かれているのでしょう。

面談に来られる方の中にも、霊障ではなく心の問題が原因となっている方もいらっしゃいます。そういう方の場合、神様から〝性格やおこないのどういう部分を見直すとよいのか〟をよくご指示いただきます。ときには、神様が怒ったり厳しく注意されることもあります。神様がそういう態度をとられる場合、たいていは上の立場の方が多いようです。そういう方の場合、自分のまわりに間違いを正したり進言してくれる人がおらず、反省する機会が少ないからでしょう。

このように、神様からご指示があった場合、言われた通りに性格やおこないを反省し、見直すことで、病気や不幸現象が解決に向かい、人生が好転します。

心の問題に関して、神様から次のようなメッセージを授かりました。以下、ご紹介させていただきますので、参考になさっていただければと思います。

神様からのお言葉

自分の心が苦しくなるのは、
あなたが自分のことを考えているからですよ。
自分の心が疲れてしまうのは、あなたが心から人のためを考え、
人のために生きる喜びを感じていないからなんです。
「どうして自分のまわりには、こんなに大変な人ばかりがいるのか？
集まってくるのか？」って思ってみても、
その人たちは、すべてあなた自身が引き寄せているんです。
その人たちとあなた自身は、そっくりなんですから。

自分のまわりにいま現在、置かれている人びとを見れば、
自分の魂が、どんなレベルにいるのかがわかります。

自分自身の悪いところ、
自分を高めていくのに直さなくてはならないところは、
なかなか自分では気づけない。

それなら、自分のまわりに置かれている人びとをよ〜く見てごらんなさい。

家族や友人、知人のことです。

その人たちのどんなところが気になりますか？　イヤだと思いますか？

「主人の無神経なところがイヤ」

「親の口うるさいところがイヤ」

「友人がときどき、ウソをつくところがイヤ」

「となりのおじさんの気難しい顔がイヤ」

「子どもたちが時間にルーズなところがイヤ」

「おばあちゃんの空気が読めないところがイヤ」

たくさん、たくさん出てくることでしょう。
しかし、それはすべて、自分自身にも当てはまるところなんです。
〝すべて〟です。
自分自身にもその要素があるからこそ、
相手のそのようなイヤなところに気づくんです。
自分にまったく当てはまらなければ、
そのイヤなところにあなたは気づかない。
（犯罪者など、ほんとうに悪いことをする人の場合は例外ですが…）
あなたのまわりに置いてある人びとを使って、
あなた自身の直すべきところを教えているのです。
だから、相手のイヤなところに気づいたら、
まず自分自身を振り返ってみることです。
そして、自分の中にも同じような部分があるのではないか？
それなら直そうと日々努力をしてみなさい。

そうして努力をし続けていくと、
自分のまわりに置かれる人びとの魂のレベルもアップしていく。
そうなったとき、さらに次の段階へと入るんです。
必ずまわりの人たちの自分に対する態度や言動が変わってきます。
家族も心が変わってくる場合もあるし、
新しい友人、知人も集まってくるようになります。
そうなったとき、次のステップへ上がったことがわかります。
人生は修行の場。いろいろあって当たり前。
でも、自分に与えられた修行を苦しいと感じるのも、
楽しいと感じるのもあなた次第です。
苦しいと感じるとなかなか前へ進めなくなる。
楽しいと感じれば、どんどん前へ進むことができ、
さらに新しいことも起こってくる。
自分の意識改革をおこなうことで、自分の未来が変わります。

そうはいっても、日々の生活において、
なかなか楽しいと感じることがないと思っているあなた!!
自分のまわりに置かれている、やたら元気で前向きで、
明るくパワーのありそうな人を見つけてみなさい。
そんな人と接し、積極的に付き合ってみてごらん。
いつの間にか、少しずつ自分自身の考え方が変化していきます。
これは、無理やり次のステップへと自分自身をもっていく方法のひとつです。

自分もこんな人になりたい!!　と思う人がいれば、
その人と仲よくして、その人のものまねでもいいので
よいところをどんどん吸収し、取り入れていくのです。
それも自分を向上させていくこととなりますから…。
誰にでもできること。難しいことではありません。

このように日ごろのおこないを反省することに加え、もうひとつお伝えしたいことがあります。それは、病気や不幸現象は心の問題が原因となっている場合もあるとご説明したように、体調が悪いのを霊障のせいばかりにしないでいただきたいということです。

霊査をおこなうことで、体にダメージを与えている霊障を取り除くことはできます。にもかかわらず、体調がよくならない方もいらっしゃいます。その理由のひとつには、「自分の体にまた霊がつくのではないか」「なんとなく霊がついているような気がする」など、霊障に対する不安感が病気や不幸現象を引き起こしている可能性もあるのです。

霊査をおこない、霊障を取り除くことができたあとは、ぜひ気持ちを切り替えていただければと思います。でなければ、いつまでも病気体質のままの自分から脱出できません。

では、霊障による長年の病気体質から抜け出すためには、なにが必要でしょうか。それは、〝自分の軸をもつ〟ことです。病気や不幸現象を霊のせいばかりにせず、もっと強い自分に生まれ変わるように努めるのです。

そもそも、霊が憑依することでなんらかの障害が出る人と、あまり出ない人がいます。その違いは、自分の軸をもっているかどうか、です。強い自分をもっている人は、霊にあやつられることはほとんどありません。

では、どうしたら自分の軸をもつことができるのでしょうか。そのためにまず必要なのは、将来の目的意識をもち、明るく前向きに考えることです。そして、とにかくよく笑うこと。大笑いすることで、憑依していたご霊さんが体から一瞬にして離れる場合もあるほどです。ご霊さんは、プラス思考で明るくいつも笑顔でいる人が苦手なのです。

一方、ご霊さんは、くよくよ、めそめそした人が大好きです。マイナス思考だったり、すぐ落ち込む性格だったり、気分にムラがあるような人の場合、ご霊さんがつきやすいのです。結果として、自分の軸をもっていない人のほうが、霊障による障害を受けやすくなってしまうのでしょう。

パニック障害や過呼吸症候群の原因

霊がついたことがきっかけとなり、パニック障害や過呼吸症候群になるケースもよく見られます。パニック障害や過呼吸症候群は、その本人を恨んでついた強い霊ではなく、たまたま頼ってついてしまった霊が原因となっていることが多いようです。ですから、命まで奪われるような事態になることはまずありません。

発作が出たら、「ご霊さん、つらかったねぇ、苦しかったねぇ」と言いながら、〝自分のいまの発作の苦しみ＝ご霊さんの苦しみ〟だと理解をされて、発作時の自分を客観的に見るようにしてください。そして、自分の体についているご霊さんをサトしてあげることで、発作がすぐに落ち着いてくる場合もあります。「パニック障害や過呼吸症候群になる人というのは、ある意味、人から頼られやすい素晴らしい人なんですよ」と神様が教えてくださいました。

こうした発作に悩む方も、自分の軸をもつ、中心を定めることで発作が減る場合がありますので、そのようにされてみてはいかがでしょうか。

ご霊さんが体に少しついていても、気にすることはありません。自分の軸をしっかりともち、プラス思考で明るく生きることで、霊に操られない強い自分になることができるはずです。

◆難病を患う方のケース◆

突然、筋萎縮性側索硬化症にかかった女性

難病を患う方もよく面談におみえになります。

以前、おばあさんのように急に腰が「く」の字に曲がってしまったという、二十代半ばの女性が来られました。

その女性が最初におみえになったとき、すぐ霊査はおこなわず、神様は「どこど

この病院にまず行きなさい。おそらく筋萎《きんい》縮《しゅく》性《せい》側索《そくさく》硬化症《こうかしょう》の疑いがあると言われるでしょう。そう言われたらまたここに来るのです」とおっしゃいました。

その女性は神様のご指示に従って病院に行かれ、後日、また私のもとに来られました。そして、「やはり筋萎縮性側索硬化症だと診断されました。体の筋肉が少しずつ衰え、次第に力を失っていく難病のようです。原因不明で治療法もなく、治るかどうかもわからないと病院の先生に言われました。これからどうしたらいいのか…」とおっしゃるのです。

ご相談者のお姿を拝見すると、ほんとうに腰が「く」の字に曲がっていることに加え、体が傾いてよだれを流し、普通に話をすることすらできない状態です。その女性は、二十歳を超えるまで何事もなく生活をされていたようです。しかし、結婚して子どもが産まれ、しばらくしてから、突然、発症したというのです。

面談には、その女性の旦那さんとご家族、さらに近所の方々も一緒に来られました。みなさん、講演会に参加されていたので、女性を心配して一緒にやってこられたのでしょう。

通常、霊査をおこなう際は専用の部屋にお通ししています。ところが今回の場合、その部屋にご案内する前に霊査がはじまってしまいました。女性についていたご霊さんたちが待ちきれずに体を飛び出し、その場に居合わせた複数の人の体に憑依してしまったのです。

通常の流れで霊査をおこなう場合、霊がつきやすい何名かの方に手伝っていただき、その人たちに霊を入れることで進行していきます。ですが今回の場合、女性についていた複数のご霊さんが、その場に居合わせた二十人ほどの方の体に入り、浮《ふ》霊《れい》してしまったのです。ちなみに浮霊というのは、霊に体を使われることで、体がゆらゆらと揺れたり、霊の感情が出てきて泣き叫んだり、霊の苦しみが体に伝わったりする現象です。このときは、浮霊した約二十人の人たちがいっせいに、「あのとき殺されて息苦しい！」などと、人が変わったようにわめきはじめたのです。

神様によると、相談者の女性は前生（世）で大量の人を生き埋めをしていたせいで、恨みの霊がついていたとのことでした。前生（世）の職業として、上司に命令されて仕方なく手を下していたのです（罪を犯した理由やいきさつ、人間関係などはここでは省かせていただきます）。しかし、殺された人は、命令した人ではなく、自分を埋めた人を恨むものです。その女性は上司の命令でやらされていただけですが、そのときに命を失った多くのご霊さんに、今回生まれてからふたたびとりつかれてしまったのです。

霊査が終わって浮霊が落ち着いたとき、その場に居合わせた人たちはみな一様に驚かれていました。「私、いまなにかヘンなことを叫んでいませんでしたか？」と、キョトンとしています。しかし心配ありません。ご霊さんに一時的に体を使われていただけですから。万が一、浮霊してしまったとしても、ご霊さんが体から離れると、また普通の状態に戻るので大丈夫です。

こうして、図らずも公開の場ではじまってしまった霊査により、その女性に前生（世）の罪を詳しくご説明いたしました。そして、「いま心から反省すれば病気は治ります」とお伝えしたのです。その女性の場合、病気が発症してから日が浅かったので、（肉体的な）体のダメージも少なく、完治する見込みが残されていたのです。

神様のお言葉をお伝えすると、その方もそのご家族も涙を流されて心から反省されていました。すると奇跡が起こりました。霊査が終わり、前生（世）の恨みの霊たちがサトり、その女性の肉体から離れると同時に、なんと「く」の字に曲がっていた腰がまっすぐに伸びたのです！　その場に居合わせた人たちも、突然の出来事でびっくりされていました。その後も女性は脅威の快復《かいふく》をみせ、霊査から一カ月ほどで、ふたたび正常な体に戻りました。

病気が完治してご挨拶にみえたその女性とお会いし、正直、「こんなに若い方だったのかしら？」と驚きました。二十代半ばの方ですから、若くて当然ですよね。最初に面談にみえたときは腰が曲がり、ほんとうにおばあさんのような状態でした。だから、普通の娘さんに戻って、まるで別人のように見えたのでしょう。

ちなみにその女性の場合、前生（世）による恨みの霊のほかに、おばあさんの霊もついていました。お子さんの七五三で神社に参った際にとりつかれてしまったようです。霊査のときに、おばあさんの霊もきらせていただきました。

こうした難病は、生まれたときにすでに発症している場合と、成人してからある日突然、発症する場合があります。これに関して神様は、「大学生や年頃になったとき、あるいは結婚したときや出産後など、その人が幸せの状態にあるときに発症することが多い」とおっしゃっています。

本人は死後、前生（世）の罪をみそいでふたたび生まれてきています。しかし、その人を恨んで成仏できない霊たちは、「復讐してやろう」と何百年でもこの世をさまよい、その人が生まれてくるのを待っているのです。恨みの霊とはそれほどおそろしいものです。

霊査をさせていただく際、ご相談者が前生（世）でおこなった罪についてお伝えすることがあります。ただし、その方には、「前生（世）の罪に対して責任を感じたり自分を責める必要はまったくありませんよ」と必ずお伝えしています。たとえご相談者が前生（世）で罪をおかしていたとしても、幽界で修行をおこない、罪をみそいで霊界にあがり、霊界からこの世に生まれてきているのです。ですから、ご相談者の体調が悪くなったり、不幸現象が起こっているのは、恨みの霊が原因となっているということです。

霊査は、とりついてしまった恨みの霊を救うことでもあります。何百年も恨み続け、人間にとりついてしまったその霊自身も苦しいのです。人間の体にとりついている恨みの霊を救うことで、とりつかれた方が救われることになるのです。

霊査をおこなっているあいだ、神様は、それはそれは慈悲深いお言葉で、恨みの霊たちをサトされます。私も、自分の体を使われている中で、神様の深い愛情を感じずにはいられず、涙が流れることがよくあります。「人間にはここまではできないなあ」といつも思っています。

木竜（自然霊）にとりつかれた男性

もう一名、筋萎縮性側索硬化症を患う方から霊査をお願いされた例をご紹介しましょう。

その方は、病気が発症してからかなりの歳月が経過し、顔の筋肉以外はまったく動かすことができない寝たきりの状態でした。講演会に参加されたご家族の希望で、霊査を申し込まれたのです。

その方は動くことができないので、テレビ電話で霊査をさせていただきました。すると、神様いわく、「前生（世）の恨みの霊と木竜（自然霊）が体について病気を引き起こしている」とおっしゃるのです。古い木には自然霊の木竜が住んでいることがあります。木竜とは、灰色をした数メートルほどの大きさの霊で、神界の竜神様とは魂自体が異なります。その方は、過去に木竜が住んでいる木を切り倒したことがあり、木竜が怒って体に憑依してしまったのです。

その方に木竜がついていることをご説明し、「木を切り倒したことを心から反省してください」とお伝えいたしました。そして、テレビ電話を通じて、その方の体についている木竜をサトさせていただいたのです。すると、その方は涙を流しながら心から反省されました。木竜以外のご霊さんも体についていましたので、同じくテレビ電話を通じてサトさせていただきました。

その方の場合は、すでに病状がかなり進行していたので、神様は「完治は難しい」とおっしゃいました。ところが霊査の翌週には、なんと足をとんとんと動かしたり、手を握ることができるようになったのです。それだけでもお医者さんはびっくりされていました。手も足もピクリとも動かすことができなかったのですから。

このように、木竜が住んでいる木を伐《き》ると、わざわいが起こることがあります。どうしても木を切り倒さないといけない事情がある場合は、まず木に向かって、その事情をていねいに説明していただければと思います。その際、人間が使う普通の言葉遣いでかまいません。最低でも切り倒す一カ月前から、「こういう理由で木を伐らなければなりません。できれば他の木に移っていただけますでしょうか」と木竜に説明し、納得してもらうのです。

大きな木であれば、枝を切り落とす際にも、「いまから枝打ちさせていただきます」と木に向かって言ったほうが親切です。事前に木竜が納得するまで十分に説明しておくことで、恨まれることがなくなるでしょう。

木竜のたたりで亡くなる方もいます。以前、私の住んでいる家の近くに大きな古い木があり、子どもたちは木登りをするなどして遊んでいました。ところが、その土地を買った人が整地をするため、その古い木を切り倒してしまったのです。

伐られてしまった木を見たとき、私は大変驚き、恐怖を感じ、つい子どもたちに

「木竜さんが住んでいる木を伐ってしまった。あの家のご主人が大変なことになるかもしれない」と言ってしまいました。私はそうならないようにお祈りをいたしました。しかし、その家のご主人に対する木竜の怒りはおさまることはなく、一年もたつかたたないかのうちにご主人が突然死されたのです。

ご家族の話によると、ソファーに座ったまま心臓が停止し、亡くなっていたとのことです。まだ五十代半ばの働き盛りの方でした。私はそのご主人とはあまり面識がなかったのですが、頭がおかしい人だと思われてもいいので、勇気を出して「木竜さんが怒っています」とお伝えすればよかったと、いまだに後悔しています。

木竜の怒りは、たいていの場合、家主の方に向くようです。あと、地縛霊のいる土地に勝手に家を建てたり、増築したり、あるいは地縛霊のいる家を壊すなどした際も、多くの場合、同じように家の主人に怒りの矛先が向きます。ですから、家を新築・増改築される場合は、まず地縛霊をひろわれることをおすすめいたします（地縛霊のひろい方は一〇二ページ参照）。

また、木だけでなく、お花を一輪切り落としたり、観葉植物などを剪定する場合でも同じです。「この部分だけ摘ませてもらうね。ごめんね」と言いながら剪定していただければと思います。植物が人を恨むことはありません。しかし、植物にも命があるのです。切られると、痛みのようなものを感じるようです。だから、植物にも命があるのだという気持ちを忘れず、大切に扱っていただければと思います。

難病や障害をもって生まれてきた人に対して、神様からお言葉をいただきました。以下、ご紹介させていただきます。

神様からのお言葉

もともと、脳に障害をもって生まれてしまった。

人より少し成長が遅く、知恵が遅れている。

これは、ただ単に肉体的な問題であり、

その人たちの魂は、健康なんです。
人間は、会話をする際、その内容を脳で理解すると同時に、
魂（心）でも話を聞き理解しています。
だから、脳に障害があったり、認知症になっている方々に対し、
「どうせ話してもわからないから…」
「話しても反応がいまいちで会話にならないから…」
などと思い、幼児言葉で話したり、無視したり、
会話の輪の中に入れなかったりとかはしないように。
ちゃんと魂（心）ですべてを聞き、理解し、
その人自身の魂の成長へとつなげています。
これは、植物人間状態の人に対しても同じことがいえる。
たとえ、現界的には一方通行状態であっても、
相手は魂（心）で聞き、会話をしてくれている相手に対して、
心の中ではこたえています。

話を聞き、心の中で喜び、悲しみ、怒り、泣く…
喜怒哀楽の感情がある。
これは、言葉がうまく話せない乳幼児もそうなのです。
人間の魂（心）は、肉体がどんな状態であっても、
すべてを認識し理解ができることだけは決して忘れず、
どんな人間たちにも接していってください。
失礼のないように…。

◆末期がんの方のケース◆

生前の罪を知り反省された末期がんの女性

　余命一カ月と宣告された末期がんの方から霊査をお願いされたこともあります。その方は、亡くなる前に自分の前生（世）の罪を知りたい、なぜがんという病気になったのかを知りたいと強く望まれていました。

　ただ、その方も病院で寝たきりの状態でした。そこで、先ほどご紹介した方と同じく、テレビ電話で霊査をおこなうことになったのです。ところが、日程の調整がなかなかつきませんでした。余命宣告を受けたのは三月だったにもかかわらず、霊査をおこなったのはその年の秋になってしまったのです。ですが、その方は「霊査をしてもらうまでは絶対に死ねない！」と言ってがんばられたとのことでした。霊査を心待ちにして毎日を過ごされたのです。

ようやく日程の調整がつき、テレビ電話を通じて霊査をおこなうと、その方はほんとうに心から反省されていました。そして、霊査をおこなった約一週間後に眠るように亡くなられました。肉体はもう末期の状態でしたが、苦しむこともなく、本当に安らかに息を引き取られたのです。

後日、その方の娘さんが私のもとにご挨拶に来られました。そのとき、娘さんと一緒に、末期がんで亡くなられた方もご霊さんとしておみえになったのです。そして、私に向かって手を合わせながら、「霊査をしてもらうのをずっと待っていたのです。霊査をしてもらってから、体がとてもらくになりました。ほんとうにありがとうございました」と感謝してくださいました。霊査をおこなうことで自分の罪を知り、亡くなるまでのあいだに心から反省することで救われたのでしょう。生前の苦しそうな顔とは一変して、とても明るい表情に変わってみえました。そのご霊さんのお顔を拝見し、私も救われた気持ちでした。

肉体は無理だとしても、魂をよいところへと渡らせてあげて救わせていただくのが自分の使命だと再確認させていただいた出来事でした。

◆おなかの赤ちゃんが逆子のケース◆

逆子はおなかの赤ちゃんが両親に反抗している

逆子で悩んでいる妊婦さんも、面談におみえになります。臨月に入り、予定日が近づいた段階で逆子になると、治りにくいといわれています。だから、よけいに妊婦さんは心配になるのでしょう。

逆子の悩みを抱えた方が面談に来られた場合、私は神様ではなくおなかの赤ちゃんに直接、理由を聞くようにしています。なぜなら、逆子になる理由は、赤ちゃんが一番よく知っているからです。

逆子になった場合、赤ちゃんがお母さんやお父さんに反抗していることが多いようです。お母さん自身の見直すべきところ、あるいはお父さんの見直すべきところを、おなかの赤ちゃんが反抗することで気づかせようとしているのです。ですから、お母さんやお父さんが赤ちゃんのメッセージに気づき、日々のおこないを見直したり反省することで逆子が治り、すばらしい出産を迎えることができます。

そう考えると、逆子も悪いことではないかもしれません。自分たちのおこないの反省点を教えてくれているのですから。そうした症状がまったくなく、難産に苦しむ人もいるのです。この本を読まれている方の中で、もし逆子に悩んでいる人がいらっしゃれば、「おなかの赤ちゃんが自分になにかを気づかせようとしてくれている」と考えて、日々のおこないを振り返ってみてください。

自らのおこないを反省し逆子が治った妊婦さん

面談に来られた結果、簡単に逆子が治った方も結構いらっしゃいます。

その方は、出産予定日の数日前に面談に来られました。お医者さんからは「逆子なので帝王切開で取り出しましょう。明日には入院してください」と言われたとのことです。

赤ちゃんのお母さんから話をひととおり聞いたあと、さっそく赤ちゃんに理由をたずねました。すると、いくつか理由を教えてくれました。

まずひとつ目は、ご主人に対する愚痴をやめてほしいということです。相談者のご主人は車が趣味で、自分の収入の範囲で改造パーツなどを買い求めていました。そのことに対して、相談者がいつも文句ばかり言っていたのです。赤ちゃんは、「お母さんはいつもお父さんの愚痴ばかり言っている。いくら文句を言ってもお父さんは車が好きで部品を買うんだから、どうせなら気持ちよく趣味を楽しませてあげてほしい」と私に訴えてきました。さらに、「お父さんだってバカじゃないんだから、お金がなくなったら車の部品を買うのをやめると思うよ」と、なんとも大人びたことまで私に伝えてくれるのです。

ふたつ目は、ご主人の親をもっと大事にしてあげてほしいということでした。赤ちゃんいわく、「お母さんは自分のお母さんとばかり話をして、お父さんのお母さんとはあまりしゃべらない。私にとってはどっちもおばあちゃんなんだから、両方とも同じ態度で接してあげてほしい」と訴えています。

その赤ちゃんは長い時間をかけていろいろと話をしてくれて、中には笑いたくなるような内容もありました。そうした話の中から、主にこのふたつをお母さんにお伝えしたのです。そして、「これらを実行し、心から反省すれば逆子は治りますよ」と説明いたしました。

このお母さんは、自分のおなかの赤ちゃんからのメッセージだけあって、さすがに心に響いたようです。面談をした日の夜、さっそくご主人にお詫びをし、「お姑さんを大事にする！」と自分なりに決意もされたとのこと。すると翌日、「今朝病院に診察に行くと、逆子がほんとうに治っていました。ありがとうございます！」と、喜びの連絡が入ったのです。赤ちゃんの言葉を素直に受け入れ、心から反省して実行したからこそ逆子が治ったのです。

妊婦さんに反省点を教えてくれるのは、逆子だけではありません。たとえば前置胎盤も、お母さんに反省すべき点があることを示している場合があります。ちなみに、前置胎盤とは、子宮の出口付近に胎盤が出来て、子宮口をふさいでしまうことです。症状としては、出産時に大量出血する場合もあるようです。本来、胎盤は一番奥にあり、出産後に出てくるものです。

以前にも、前置胎盤の悩みを抱えて面談に来られた方がいらっしゃいました。その方は、神様から性格の悪いところを治すよう事細かにご指示を受けました。そして、神様の言葉を素直に受け入れて実行することで、帝王切開をせず、大量出血もなく、無事に出産をされたのです。

このように、出産は自分のおこないを振り返り、見直したり反省するよい機会でもあるのです。

妊娠時に「赤ちゃんが産まれたら大変になる」「まだ子どもを産みたくない」などと母親が思うと、赤ちゃんは「自分が産まれたらお母さんに迷惑をかけてしまう」と思い、自分の首にへその緒を巻きつけてしまう場合があります。赤ちゃんが、まるで自殺をしようとするかのように首にへその緒を巻きつけるのです。母子のつながりは、これほどまでに強いのだと驚きました。

私の出産体験〜出産は母親が霊的に目覚めるとき〜

また、「出産は母親が霊的に目覚めるきっかけがもらえるときでもある」と神様はおっしゃっています。おなかの赤ちゃんと母体はつながっているため、お母さんが赤ちゃんと念波交信（テレパシー交信）できるようになるのです。

妊婦さんがもしこの本を読まれていたら、できる限りおなかの赤ちゃんに話しかけてあげてください。そして、自分が語りかけたことに対して、「この子はどんなことを考えているのかな？」と思いをめぐらせてみるのです。それを繰り返しているうちに、赤ちゃんの考えがなんとなくわかってきます。人によっては、赤ちゃんの声が聞こえてくる妊婦さんもいるかもしれません。あるいは、赤ちゃんがおなかを蹴飛ばして返事をしてくれる場合もあります。

こうして赤ちゃんと念波交信を続けていると、安心して出産を迎えることができます。陣痛がはじまって「いよいよ出産！」というときがきても、おなかの赤ちゃんに「いまどんな状態？」「もうそろそろ出そう？」などと話しかけてあげることで、無理なく安産を迎えることができるはずです。お母さんが霊的に目覚めることで、母子が意思疎通をはかりながら出産にのぞむことができるのです。そうすれば、出産後も阿吽《あうん》の呼吸で気持ちが通じ合える親子になれるのではないでしょうか。

出産の話と関連して、ここで私の経験をお伝えしたいと思います。

私は、ひとり目の女の子は病院で出産しました。ところが、出産直後に入った個室タイプの病室に子宮がんで亡くなったご霊さんがいて、その方を一晩中サトすことになってしまったのです。

娘を出産した日の夜、疲れて眠っていると、いきなり誰かが私の足の上に勢いよく「ドカン！」と座ってきました。「看護婦さんかな？」と思って驚いて目を覚ますと、四十代くらいの女性のご霊さんが座っています。そして、「あなたはいいわね。子どもを産んで幸せそう。私は子宮の病気でこうなった」と言うのです。「子宮がん？」と私が聞くと、「うん」と悲しそうにうなずき、下を向いています。その姿を見ると不憫《ふびん》になり、いろいろと話を聞いてあげました。

それからというもの、入院中に毎晩のようにやってくるので、彼女の話を聞いてあげていたのです。おかげで、出産後にもかかわらず、寝不足になるなど大変な思いをしました。しかし、退院時には、そのご霊さんはかなりサトられていたようです。「おかげさまで楽になりました」とバイバイをするように私に手を振ってくれました。

こうしてひとり目は総合病院で出産したのですが、神様から「出産は病気ではない」と聞かされていたので、私はふたり目を産むときは病院ではなく、自然なかたちでの出産を望むようになりました。

その後、ふたり目を身ごもったとき、自宅のリビングで出産している夢を何度も見せられるようになります。同じ夢を続けて見せられるときは、経験上、それが現実に起こることを意味していました。「これだけ同じ夢を見るのだから現実にそうなるに違いない」と思い、自宅で産んでみようと決心したのです。

私が自宅出産を望んだ理由はもうひとつあります。それは、二歳のお姉ちゃんに、弟が産まれる瞬間を見せたかったということです。姉弟《きょうだい》が仲良くしてほしかったので、自分の弟の最初の姿をお姉ちゃんに見てほしかったのです。

もし私が病院でふたり目を出産すると、上のお姉ちゃんにとっては、「お母さんが病院から帰ってきたら、私のライバルを抱っこしている」という状況になりかねません。さらに「お母さんは下の赤ちゃんにかかりっきりで、私のことをまったくかまってくれない」と思い、嫉妬したり、赤ちゃん返りをしてしまうでしょう。弟が産まれる姿を上の娘に見せることで、「自分がお姉ちゃんだ」という自覚をもたせることができると思ったのです。

しかし、家で出産するのはリスクをともないます。助産婦さんに協力をお願いしても、「責任をもって取り上げることができないので…」と断られ続けました。それでも、夢の中では四十代ぐらいの助産婦さんが出産を手伝ってくれています。夢を見ながら、「きっとこの人に会えるんだ」と信じて待っていたのです。

夢で見た助産婦さんを待ち続けること数カ月、ついに臨月が来てしまいました。「このままでは助産婦さんの力を借りず、自分で自宅出産するしかない」と思い、万が一の場合を想定して、へその緒を切るタイミングや切り方、胎盤の処理の仕方など、出産について必死に勉強しはじめました。さらにハサミや脱脂綿、ガーゼなど、出産に必要なものも用意したのです。

するとその矢先、以前通っていた瞑想教室で知り合った女性から、「たしか助産婦さんを探していたよね？　うちの近所に自宅出産専門の助産婦さんがいるみたいなので、一度会ってみたら？」と連絡が入りました。臨月に入った大きなおなかでその助産婦さんにお会いすると、まさに夢で見た人だったのです。「この人だ！」と思い、出産を手伝ってもらうことにしました。これも神様がめぐり合わせてくださったことだと感謝いたしました。

自宅で陣痛がはじまったときは、おなかの赤ちゃんと話をしつつ、出産のときを迎える準備をしていました。先ほどお伝えしたように、私は赤ちゃんと絶えず念波交信をしていたのです。

手伝ってくれることとなった助産婦さんも、私の自宅で待機してくれていました。ところが、夜の十二時ごろになって、赤ちゃんが突然、「ちょっと疲れたので寝るね」と言い出したのです。私も、出産前にいろいろとしておきたいことがあり、動き回って疲れていました。そこで助産婦さんに、「赤ちゃんが寝るって言っているので、私も少し休みますね」とお伝えし、眠らせてもらいました。

そうしたら、夜中の二時半ごろ、お腹の中の赤ちゃんが目覚め、そわそわとしはじめたのです。そして、「そろそろ出るかあ」と言います。「赤ちゃんがそろそろ出るって言っています」と助産婦さんにお伝えし、お湯を沸かしたり、産み落とす場所を決めるなど出産の準備にかかりました。

出産の様子を見せるために二歳の娘を起こしたのですが、とにかく泣いて泣いて、大変でした。二歳の子どもが夜中の二時半にたたき起こされたのですから、当然といえば当然です。いくらあやしても泣き止みそうにありません。困り果てたあげく、なんと私が娘を抱っこしたまま、ひざ立ちの状態で、前に置いてあった椅子などにもたれかかりながら午前三時すぎに出産したのです。

すると、驚くことに、赤ちゃんが産まれた瞬間に娘はピタッと泣き止み、「赤ちゃん出てきたー！」と目をらんらんと輝かせはじめました。泣き顔が一変し、一気にお姉ちゃんの顔になったのです。それからというもの、お姉ちゃんは弟にべったりで、まだへその緒がつながったままの弟の頭をずっとなでたりしてくっついていました。

こうして上の娘に出産を見せたことも影響したのか、いまだに姉弟《きょうだい》げんかを一度もしたことがないほど仲良しに育ってくれています。弟に言わせると、「俺がかなり我慢している」と言っていますが。

ついこの前も、私と子どもたちのケーキを違う種類で買い、家に帰りました。娘と息子と私と三人でテーブルに座り、ケーキを前にして「さあどれを食べよう?」と言っても、「お姉ちゃん、どれ食べるの?」「あんたこそどれ食べたいの?」とゆずり合って決まりません。大きくなったいまでも姉弟《きょうだい》でゆずり合うほど仲が良いのです。

神様に「出産は病気ではない」と言われていたとおり、私の場合はとても軽い出産でした。うそだと思われるかもしれませんが、まったく痛みがなかったのです。無痛でした。上の子を抱っこして、話しながら産んだという感じだったのです。

神様からは「痛いと思えば痛い。痛くないと思えば痛くない。どちらを選ぶのも自由です」と教えていただきました。私は「痛くない」を選び、赤ちゃんにも「痛くないように出てきてね」と妊娠中に何百回もお願いしていました。陣痛がはじまっても、「痛い」ではなく「気持ちいい」とずっと思い続けていたら、ほんとうに心地よく、まったく痛みがなかったのです。とても不思議な体験でした。そしてそのとき、「自分の意識を変えるだけで、人間ってなんでもできてしまうんじゃないか」と思ったのです。

この体験は、その後も活用できています。たとえば、歯医者さんではこんなことがありました。昔の人は、子どもがかなり大きくなるまで母乳を与え、母子のきずなが強かったという話を聞いたことがあります。だから私も自然断乳をしたいと考え、子どもが自分から「もういい」と言うまでかなり長いあいだ母乳を与えており、歯科治療で麻酔を打ちたくありませんでした。そのため、虫歯になったとき、麻酔をせずに歯を抜いてもらったのです。しかし、そのときもほとんど痛みがなく、「よく麻酔をせずに歯を抜くね」と先生が驚いていました。そのときも、出産時と同じく「痛くない」を選び、思い続けていたのです。

以上、私の経験をお伝えいたしましたが、だからといって自宅出産をおすすめしているわけではありません。これはあくまでも私のケースとなりますので、参考程度に耳を傾けていただければと思います。

◆霊媒師や占い師に大金を請求された方のケース◆

霊能者に大金を請求された人

面談にみえる方の中には、霊媒師や占い師に大金を請求され、「そんなにお金がかかるものなのでしょうか?」と相談される人が数多くいらっしゃいます。

そこで、これまでに受けた相談内容を例にあげながら、そのときにどうすればよかったのかなどをお伝えできればと思います。

以前、こんな相談を受けました。

ある霊能者に一度だけ相談に乗ってもらったところ、その霊能者から後日電話があり、「どこそこの駐車場まで現金数十万円をもってきなさい」と言われたそうです。「すでに相談料は支払っているのに、なぜ数十万円もの大金が必要なのでしょう?」と確認すると、「言われたようにお金をもってこないと、わざわいが起こる」と返答があったというのです。

相談者に、その霊能者の写真を見せてもらいました。そうしたところ、霊能者に白いキツネがついていることがわかりました。「この霊能者はあなたを脅しているので、お金を支払う必要はありません。この方にかかわると大変なので、すぐ関係を切ってください。電話も出ないようにしてくださいね」とお伝えしました。それ以後は関係を断ち、霊能者からも連絡は来なくなったということです。

占い師に下着を燃やされたご夫婦

占い師に下着を燃やされ、二十万円を支払ったご夫婦から相談を受けたこともありました。旦那さんが営む事業が軌道に乗らず、さらに体調も崩していることから、ご夫婦で占い師に相談し、大金を請求されてしまったのです。

おふたりの話によると、まず一度目の占いでは、相談料は一時間五万円ほどで、「旦那さんの下着をもってきなさい」と言われたといいます。下着は普段、身につけているものでいいとのことでした。しかし、他人に下着を見られるのは恥ずかしいものです。そこで奥さんは気を遣い、少し見栄を張って何万円もするご主人の下着をもっていきました。すると占い師は、「これでわざわいを消す」と言いながら、その場で下着に火をつけて燃やしはじめたのです。

まさか燃やされるとは思っていませんでしたから、突然のことで驚いたものの、「これでわざわいが解けるなら…」と、なにも言わなかったといいます。しかし、驚きはそれだけではありませんでした。「下着を燃やしてわざわいを消したので、今日の占いの料金は二十万円です」と大金を請求されたのです。一度目の相談料の五万円も高いのですが…。

ご夫婦は、当然のことながら、それほどの大金が請求されるとは夢にも思ってはいませんでした。ですから、もちろん手持ちはないわけです。それを占い師に伝えると、「最寄り駅のどこそこに銀行のＡＴＭがあるので、そこでおろしてきてください」と、普段から相談者にそう伝えているかのごとく言われたといいます。ご夫婦はいやとも言えず、ＡＴＭで二十万円を引き出し、占い師に手渡してしまったそうです。

一連の話をおうかがいしたあと、私に対して「この話、おかしいですよね？」と聞かれるので、「もちろん、おかしいです。今後は絶対にその方のところには行かないでください」とお伝えしました。また、そうした人を騙《だま》すような霊媒師や占い師のところに行くと、反対に霊がついてしまう可能性もあります。だからこそ見極める力をつけていただきたいのです。

二十万円を支払ったあとも、ご主人の事業が軌道に乗ることはなく、体調不良も続いているとのことでした。そこで霊査をさせていただいたところ、ご夫婦の自宅に地縛霊がたくさんいるのがわかりました。そこで、そのときは私がご夫婦の自宅におうかがいし、地縛霊をひろうことにしたのです。すると、ひろった翌日から旦那さんの体調がよくなり、性格や行動までよい方へと変わり、事業も軌道に乗りはじめたとのことで、大変驚かれていました。このように、不幸現象の本当の原因を知り、的確な対処をすれば、必ずよくなるのです。

霊能者に「背後霊を取り替える」と大金を請求された人

ある霊能者に「背後霊を取り替える」と言われ、一千万円以上も騙し取られた方もいらっしゃいました。

その方の場合は、弟さんの運気が悪いので、ある霊能者に相談したところ、「人生がうまくいかないのは背後霊が悪いから。弟さんの背後霊を替えたら彼の人生は変わりますよ」と言われ、「このレベルの背後霊なら百万円、このレベルなら五百万円…」と説明されたというのです。

その方が私に相談されたときには、すでに一千万円以上も支払ったあとでした。面談の際に、「これはおかしいでしょうか？」と聞かれるので、「どう考えてもおかしいですよ」とお伝えしました。当然ながら、大金を支払って背後霊を替えてもらったあとも、弟さんの運気は上がらないどころか、逆に家庭にいくつもの災難がふりかかってきたとのことです。

ここで明らかにしておきたいことがあります。それは、〝背後霊を人の手で替えることはできない〟ということです。私たち人間には、通常、五人の背後霊がついています。背後霊とは、霊界にいらっしゃるその家のご先祖様の霊であることが多いのですが、それらの背後霊を決めるのは神様の役目なのです。ですから、人間が自分の背後霊を選ぶことはできませんし、人間があとから勝手に取り替えることも絶対にできません。

ただし、例外はあります。まず、結婚して名字が変わったときに背後霊が入れ替わります（通常は、籍を入れて戸籍上の名前が変わった時点で背後霊が入れ替わります）。たとえば、奥さんが結婚して旦那さんの家に嫁いだとき、奥さんの背後霊が嫁ぎ先の背後霊に替わります。反対に、旦那さんが奥さんの家に婿養子に入った場合は、同じくご主人が婿養子先の背後霊に替わります。こうして背後霊が入れ替わると、本人の顔つきや性格が変わることがあります。

もうひとつ例外があります。人間が生きているあいだに努力をし、その人自身の魂の段階が上がったとき、神様によって背後霊を交替させられるときがあります。ようするに、その人の魂の段階に応じた背後霊に替えられるのです。そうすることで、その人自身の魂の段階をさらに高めることができます。

こうして神様によって背後霊を替えられた人は、人相がとてもよくなったり運気が上がるなどのよい出来事が実際に起こります。それもすべては、その人自身の日ごろの努力を神様が認められたからにほかなりません。

このように、背後霊は人間が取り替えることができないのです。そうした言葉に騙されて大金をつぎ込むことのないよう、十分に注意していただければと思います。

ほかにも、占い師や霊能者、神様不在の宗教団体などに高い相談料を請求され、私のもとに面談にみえる方はたくさんいらっしゃいます。たとえば、テレビにも出演されているある有名な占い師に相談したところ、十分の面談で二十万円を請求されたうえ、「先祖供養が必要」とのことで仏壇とお墓を数百万円で購入させられそうになった方がいらっしゃいました。また、著書も数多く出版されているある有名な霊能者に相談に行かれた方は、たった二分の面談で二万円を支払ったとのことです。そして、霊能者から告げられた神様のお言葉はたったひと言、「がんばりなさい」だけだったそうです。

高いお金を払った結果、誰にもでも言えるようなアドバイスしかもらえないのであれば、ご家族や親戚などに相談したほうがいいのではと思います。あるいは、身内には話しにくいことであれば、友だちに相談し、食事代をおごってあげるなどしたほうが、よほど親身になって話を聞いてくれるのではないでしょうか。

架空の投資商品を他人に販売してしまった人

じつは、霊的なことだけでなく、投資で騙された方もよく面談におみえになります。以前、講演会に来られた男性が、投資で騙された旨を手紙に切々と書きつづり、相談してこられたことがありました。

その手紙によると、男性は架空の投資話に引っかかってしまったようです。さらにその方の場合、自分が投資した商品を他の人に販売してしまっていたのです。自分が騙されるだけなら、まだ自業自得かもしれません。しかし、架空の投資商品を他人に販売してしまい、その人たちにまで大変な迷惑をかけていたのです。その方は、迷惑をかけた人たちに対して心から反省されていることに加え、「大元の詐欺師が逮捕されたら自分も捕まるのでは」との不安にも駆られていました。

後日、その方の霊査をさせていただいたところ、神様は「その商品を扱っている大元の人は騙しているので、投資したお金は戻ってこない」とはっきりとおっしゃいました。

そもそも、その男性も騙されています。よって、投資商品を他人に販売したこと自体は、悪気はなかったといえます。しかし、「この商品を誰かに紹介すれば自分も利益を得ることができるのでは…」という期待やお金に対する執着が心のどこかにあったでしょう。神様は、「自分の行為を心から反省し、商品を買ってくださった方々に誠意を示すしかない」とおっしゃいました。

その男性が投資商品を販売した相手は、年金生活のお年寄りだったようです。神様は、販売した相手から逃げるのではなく、「たとえ週に一度でも顔を出すように」と男性に指示をされました。そうやって誠意を尽くすことで、いざ大元の詐欺師が逮捕されたとしても、「騙されたお年寄りはその男性を訴えることはない」と神様がおっしゃるのです。さらに神様は、「あなたが違うかたちで人救いをすることで、自分も救われることになる」とも指示をされました。心の寂しいお年寄りを癒してあげたり救ってあげるなど、その人たちを心から愛してあげることで、訴えられることがなくなると神様はおっしゃるのです。

その男性は、現在も神様のご指示を忠実に守っています。お年寄りのもとに定期的に訪問し、救いたい人を講演会に連れてこられます。こうして神様のご指示に素直に従い、反省の日々を過ごすことで、訴えられることもなく、今も無事に生活されています。

三千万円の損失をまぬがれた女性

また次のようなケースもあります。

その方も架空の投資話に引っかかり、面談に来られたときにはすでに一億円以上もの大金を騙されていました。架空の投資話を持ちかけてきたのは、ある地方の女性社長で、巫女《みこ》さんのように神様に仕える人だとメディアで取り上げられていたようです。

面談に来られた方は、その投資家の名声を信頼し、一億円以上もつぎ込んでしまいました。ところが、利息がいっこうに支払われないことから怪しいと感じ、私のもとに面談に来られたのです。話をうかがうと、「利息が支払われないのでその女性社長に連絡したところ、『現在は体調不良で運用ができず、利息の支払いが遅れている。でも、あと三千万円を追加で投資してくれたら、さらに大きなリターンが得られる』と言われました。ほんとうでしょうか？」とおっしゃるのです。

神様にうかがったところ、「それは女詐欺師です。体調不良もウソで、逃げているだけです。騙されているので投資はやめなさい。いままで投資したお金は戻りません」とのご指示があり、そのことを相談者にお伝えいたしました。ところが、相談者の方は首を傾《かし》げ、「そんな人ではないと思う」とおっしゃいます。投資話をもちかけてきた女性社長を完全に信用しているのです。「この調子ではまた騙されるかもしれない」と心配になったので、「神様のご指示ですから、これ以上は絶対に投資をしないでくださいね」と何度も念押しをして面談を終えました。すると後日、なんとその女性社長が詐欺の疑いで逮捕されたとニュースで報道されたのです。相談者が投資した一億円は戻ってこないでしょう。しかし、「三千万円の追加投資は留まってよかった」と、その方は反省されていると思います。

見極める目をもつことが大切

このように、誰かに騙された方が面談にみえるケースがあとをたちません。だからこそ本書でお伝えしたいことがあります。なによりまず、霊媒師や占い師、神様不在の宗教団体も含め、読者のみなさまには見極める目をもっていただきたいのです。

まず、投資に関しては、お金が簡単に手に入るような話はありません。お金で被害に遭う人は、自分自身の心をよく見つめていただければと思います。「なんとかこのお金を増やしてやろう」「この年金や退職金を投資で少しでも増やそう」など、お金の執着が必ずあるはずです。普通に暮らせるだけのお金があるにもかかわらず、「もっといい生活をしたい」「らくな生活をしたい」と欲に目がくらんでしまう。その結果、お金をさらに失ってしまうのです。

神様は、「お金はもちすぎてはいけません」とよくおっしゃいます。さらに、「お金は回っていればいい。日々、暮らせるだけのお金をもてばいい。贅沢はしなくていいのです。必要以上のお金をもつと、もめるもとになります」ともおっしゃいます。必要以上にお金をもった結果、残された資産をめぐって子ども同士で仲たがいし、訴訟問題にまで発展してしまうケースもあるでしょう。必要以上にお金をもつと、よいことはないのです。もちろんお金は必要ですが、おそろしい魔力もあります。

では、霊媒師や占い師などを見極める目をもつために大切なことはなにでしょうか。

まず第一に、そうしたところへ行く前に、信頼できる家族や友人に相談してみることです。「こういう人のところに行こうと思っているけど、大丈夫かな？」と相談すれば、家族や友人なら親身に話を聞いてくれるはずです。

以前、面談にみえた方のおばあさんが、ある神様不在の宗教にのめり込み、「そこでローンを組んでなにかを買っているようなんです。その宗教を辞めさせるにはどうすればいいでしょうか」と相談がありました。その方には、「では一度、おばあさんを『奇跡の講演会』につれてきてあげてください」とお伝えしました。すると、そのおばあさんが後日、講演会にいらっしゃったのです。

講演会直後はなんの変化もなく、そのおばあさんは、「いまの宗教の教えが一番いいと思っている」とまで言われたそうです。ところが、やはり「奇跡の講演会」と名前がついているだけあって、奇跡は起こりました。講演会にいらして一週間後のこと、そのおばあさんが、毎日のように通っていた宗教団体の方とけんかをされ、脱会をされたのです。ご家族の方は喜んで、お礼の言葉を言ってくださいました。

これは、ご家族の方が身内を救われたひとつの例といえるでしょう。

このおばあさんの場合は、神様不在の宗教団体によって霊――その宗教団体の場合はヘビ霊――をつけられていました。その宗教団体に行くとヘビ霊がついて、ヘビがヘビを呼ぶように人が増えて巨大化していってしまうのです。

このおばあさんの場合は、講演会に参加することで、体についていたヘビの霊が離れてしまいました。それで、その宗教団体の方と合わなくなったので、けんかをして脱会をされたのです。

いま信仰している宗教をやめる（脱会する）とき、その団体に報告しなくてはならないとか引き止められるというのは、おかしな話です。その宗教をやめるのは本人の自由で、神様は押しつけたり強制などはいっさいされません。宗教とは、本人が神様を求めるもので、そこにはなんの束縛もないのです。神様主導ではなく、人間たちが考えてつくり上げた神様不在の宗教団体には、いろいろと規制があったり管理や束縛をしたりするようです。

ただ、どうしても霊媒師や占い師などのところへ行く必要のある人は、まず事前に値段を確認するようにしてください。その時点で、たとえば一時間の相談で十万円など高い金額を要求された場合、怪しいと思ったほうがいいと思います。あるいは、面談料を事前に教えてくれなかったり、ものを買わされるようなことがあったり、あいまいな返事しかなかったときも同じく怪しいと思っていいでしょう。迷ったら信頼できる人に相談する。または同席してもらう。そして事前に必ず面談料を確認する。これらを念頭において、相手を見極める目をぜひ身につけていただければと思います。

◆誤った先祖供養のケース◆

ほんとうの先祖供養は〝心のこもったお食事〟

先祖供養に関しても、騙されることが多いようです。なかでも、よくあるご相談としては、霊媒師や占い師に「先祖供養（あるいは地縛霊供養）が必要と言われて大金を請求されたけれど、そんなにお金がかかるものなのでしょうか？」というものです。

そこで、ほんとうの先祖供養についてご説明したいと思います。

最初に結論を申し上げると、先祖供養にお金をかける必要はありません。ご先祖様が子孫にしてほしいこととは、心のこもったお食事の供養なのです。お金をかけて他人に拝んでもらったりすることではないということです。

人間は亡くなって四十九日目に神裁きを受け、そのあとに行き先が決まります。

たいていの人間はあの世（四次元）の幽界というところに行き、今生（世）で犯した罪のみそぎをおこなうための修行をさせられます。

ところが、この幽界には食事がありません。「人間は死んでしまうと食べなくてもいいのでは？」と思われるかもしれませんが、亡くなっても肉体がないだけで感覚は今の私たちと同じなので、おなかはすきます。ですから、ご先祖様はおなかがペコペコで、しかも空腹のまま苦しい幽界での修行に耐えなければならないのです。

修行の内容は人によって異なります。たとえば、執念深い人や嫉妬深い人が行く「ヘビ地獄」、性格が悪かったり自殺した人が行く、一番厳しい「極寒地獄」、愛人やおめかけさんをもったりスパイをしていた人が行く「畜生道地獄」、人に迷惑をかけたりこの世のルールを守らなかった人が行く「餓鬼道地獄」などなど、そこにはつらい修行が待ち受けています。ちなみに、たばこを吸っていただけでも地獄に行かされます。たばこを吸うということは、まわりの人の体に毒を入れる可能性があることから、他人に迷惑をかける行為をしたとして、死後に反省させられるのです。

このように、幽界で修行中のご先祖様は食事をとることができません。ただし、幽界には一日に一回、二十五分間だけ、（食事に呼ばれた場合は）子孫のもとに行くことができるという決まりがあります。ですから、ご仏壇にあつあつの食事を供えてあげることで、ご先祖様はおなかを満たすことができるのです。

お供えをする食事は、ご家族が食べるものと同じでかまいません。条件としては、湯気が出ているあつあつの状態でお供えしてあげることです。そうすれば、ご先祖様は仏壇に来て、黒塗りの位牌に書かれている金色の文字から湯気を吸い、その結果、おなかが満たされるのです。

できれば、位牌の金の文字は彫らずに、書くだけにしていただければと思います。なぜなら、位牌は人間の体と同じだと考えていただきたいからです。神様からは、「位牌を彫るということは、子孫が体をけがしたり手術をするなど、体を傷つけることになる場合がある」と教えていただいています。

ご仏壇にはいろいろなご先祖様がいらっしゃるので、たまにはミルクやジュースなども出してあげるといいかもしれません。あるいは、お酒が好きだった人がご先祖様でいらっしゃる場合は、熱かんやビールなどをお供えし、「一緒に飲もうよ」と言ってあげるのもいいでしょう。

江戸時代など、何代も前のご先祖様が仏壇に来られることもありますが、「ピザやグラタンなんて食べられるのかしら」などとはあまり気になさらず、食事のメニューはご家族が食べているものと同じでかまいません。ご霊さんは湯気を吸っておなかがふくれるので、味覚は関係ないからです。

また、食事をお供えすることに加え、食事供養の二十五分間のあいだにその人が生前に好きだった歌をご仏壇でうたってあげたり、生前のおこないのなかで反省すべき点などを伝え、サトしてあげるのもいいと思います。しかし、常に反省ばかりさせられるのは、ご霊さんといえども気分がいいものではないでしょう。よって、「修行は大変だと思うけれどがんばってね」「霊界にあがれば、食事のときだけでなく、自由に家に戻ってこられるよ」などとはげましてあげるといいでしょう。

一方、子孫が食事を供えてくれなかった場合、ご先祖様はおなかをすかせたままで修行を続けることになります。しかし、どうしてもつらくて修行ががまんできない場合、幽界から逃げ出すこともできるのです。幽界から逃げ出すことを、神様は止めることはしません。

幽界から逃げ出した場合、浮遊霊としてこの世をさまようことになります。そうなると、子孫の様子を見にいくことができるようになります。たとえば、ご先祖様が子孫の様子を見にいき、「仏壇に食事を供えてくれないのに、子孫たちはおいしそうにご飯を食べている」と思われた場合、怒って子孫の体にとりついてしまう場合があります。そうなると、たいていは胃がんや大腸がんなどの消化器系の病気になります。あるいは、そこまでひどくならなくても、胃弱になったり腸の調子が悪く便がゆるくなるなどの問題が出てきます。

このように、先祖供養を怠ると、消化器系の病気になったり目に障害が出る場合が多いのです。

以前、胃にポリープが出来た方が面談に来られました。先祖供養をお勧めしたのですが、そのときは手術でポリープを取られました。ところが、術後の検診で胃がんが見つかったのです。その方は「これ以上、手術をしたくないし、もう歳だし命はあきらめます」とおっしゃったのですが、「ご先祖様の霊が体についているので、正しく先祖供養すればよくなる場合もあります」とお伝えし、ご仏壇にお食事を供えてもらうようにしました。すると、胃がんがほんとうに消えてしまったのです。

その方の場合、ポリープが出来た時点で先祖供養をしていれば、胃がんになることはなかったと思います。こうして新たな病気が与えられたことで、先祖供養の大切さを教えられたのです。

ご仏壇やお墓にお金をかける必要はない

先祖供養だけでなく、ご仏壇やお墓にも、必要以上にお金をかけることはありません。たとえば、ご仏壇が自分の家だとイメージしていただければと思います。ご仏壇はご先祖様が毎日、食事に来る場所です。ですから、自分たちの居間や台所のように、落ち着いた場所のほうがいいと思うのです。

また、霊界にいらっしゃるご先祖様は、ご仏壇に自由に来ることができます。ですから、絢爛豪華できらびやかなご仏壇より、いつでもお迎えできるような落ち着いた佇まいが好まれます。

このように、ご仏壇はドアさえ閉まればシンプルで値ごろのものでかまいません。そして、ほどよい明るさにするため、六ワットの蛍光灯を入れるといいでしょう。

面談に来られた方には、こうした内容を書いた用紙をお渡ししています。それを実行されるかどうかはご本人の自由です。「すでにご仏壇があるのでそれでかまわない」と思われるのであれば、そのままでも結構です。

ちなみに、面談に来られた方には、地縛霊のひろい方についても、ご希望の方にはお伝えしています（本項の最後に、地縛霊のひろい方を掲載しています。ぜひ参考になさってください）。

ただ、誰でも地縛霊をひろうことはできるのですが、サトしたり、きることができません。ひろわれた地縛霊を、第二部でご紹介する講演会の会場におもちいただければ、講演会終了後にサトしてきらせていただくことができます。

また、お墓は亡くなった方が来る場所ではありません。亡くなって四十九日まではお墓のまわりにいらっしゃることもありますが、基本的にはお墓はご先祖様と面会できる場所ではないのです。ご先祖様との面会の場所は、あくまで仏壇です。ですから、立派なお墓やちょっと変わったお墓をつくるなど、必要以上にお金をかけることをご先祖様が求めているわけではないことをご理解いただければと思います。

最近は、都会を中心にマンション形式のお墓も登場してきました。個人をしのぶ気持ちが伝われば、どんなかたちのお墓であっても問題はありません。ただし、お墓をもっている以上は常に掃除は欠かさず、草もこまめに抜くなど、いつもきれいにしていただければと思います。きれいなところには、悪い霊がよってこないのです（お墓まいりの意味は、掃除をすることでもあります）。

まだまだ、先祖供養などに無駄なお金を使っている方が多くいらっしゃいます。もちろん、お寺やご近所さんなど昔からのお付き合いもあるでしょう。なんでもかんでも無駄を省くのではなく、人間関係をよくすることもご先祖様は望まれています。そのことも念頭におき、ぎすぎすした人間関係にならないよう、バランスのとれたご判断をなさることをおすすめいたします。

正しく先祖供養をされる方は、霊界にいるご先祖様や神界にいる神様に守ってもらうことができます。霊界とはいわゆる天国のことで、幽界の修行を終えたご先祖様が行かれる場所です。そして神界とは、神様がいらっしゃる場所です。人間もこの世での人生を三十回終えると神様になり、神界に上がることができます。どのご家庭にも、神あがりしたご先祖様がいるということです。

神あがりしたご先祖様が子孫を守ってくださっている

よく「死んだおじいちゃんが守ってくれている」と言われる方がいらっしゃいますが、幽界で修行をされているご先祖様は子孫を守ることはできません。実際に守ってくださるのは、霊界にいるご先祖様や神界にいる神様です。霊界のご先祖様や神界の神様が、けなげに先祖供養する子孫の姿を見ると、「もっと子孫を守ってやろう」と思われるのです。ご霊さんや神様も、感情は人間と同じですから、やはりご先祖様に尊敬の念をもち、懸命に供養する子孫の姿を見ると愛おしく感じられるのでしょう。

神あがりしたご先祖様がどのように守ってくれるのか、その一例をご紹介いたします。

以前、七メートルの高所から仕事中に落ちた方がいらっしゃいました。その方いわく、「足をすべらせた瞬間に体がふわっと浮き、スローモーションのようにゆっくりと落ちていった」そうです。そして地面が近づいた瞬間、どんと落ちたといいます。ところが、七メートルの高所から落ちたにもかかわらず、無傷ですんだのです。

このように、日ごろから先祖供養を正しくおこなっていることで、子孫が危ない目に遭ったときに、ご先祖様がそっと手を差し伸べてくれるのです。

私の場合、子どものころによく階段から落ちたのですが、一度もけがをしたことがありません。私があまりにも頻繁に階段から落ちるので、親が階段にじゅうたんを張りつけてくれたほどです。しかし、前述の方と同じく、階段から転げた瞬間にふわりとなにかに包まれたようになり、ゆっくりと落ちていくのです。

ほかにも次のような話があります。

以前、高速道路を運転中に、ほんの一瞬、居眠りをしてしまった方がいらっしゃいました。その際、車が路肩にすり寄ってぶつかったにもかかわらず、スピンや横転もせず、車がポンと車線に戻されたというのです。まるで誰かが車をつかんでもちあげ、車線に戻してくれたような感じだったそうです。

先日も、一般道を走行中、あやうく事故にまき込まれそうになった方がいらっしゃいました。その方の場合、目の前の車が急に左右に揺れはじめたかと思うと、スピンをして対向車線に飛び出し、壁に激突して停車したといいます。もし自分の目の前でスピンをするようなことがあれば、事故にまき込まれていたでしょう。しかし対向車線に飛び出してくれたおかげで、事故をまぬがれたのです。しかも、スピンをした車を運転した人も無事だったようです。

またある人は、次のような経験をされています。

凍結した道路を走行中、下り坂でブレーキがきかなくなり、スリップしてしまいました。まず走行車線側の路肩の雪にぶつかり、その反動で対向車線に跳ね飛ばされ、同じく対向車線側の路肩の雪に激突し、ようやく止まったとのこと。ところが日曜日だったにもかかわらず、運よく対向車線に車はなく、結果としてまったくの無傷だったそうです。さらに車もヘッドライトの一部が欠けただけで、ほぼ被害なく助かったとのことでした。これらもすべては、日ごろから先祖供養をしっかりとおこなっている子孫の姿を見て、ご先祖様の神様が助けてくださったのです。

このような不思議な話をすると、すべては「ご先祖様が守ってくださっている」というひと言ですませてしまいがちですが、ただし、亡くなったばかりのおじいちゃんやおばあちゃんが守ってくれているのではありません。あくまで、神あがりしたご先祖様が助けてくれているのです。この意味を知ったうえで、ご先祖様を大切に思い、正しい先祖供養をおこなっていただければと思います。

あと、お盆や命日、法事などで必要以上にお金を使うことも、ご先祖様は求めているわけではありません。それよりも、親族が集まり、粗食でもいいので仲良く食事をするなど、楽しくしている姿を見ることで喜ばれるのです。

ご先祖様の魂がペットに生まれ変わっていることも

先祖供養に関する質問のなかで、最近増えてきたことがあります。それは、ペットの供養です。飼っている犬や猫の場合、ほんとうの動物の魂である場合と、その家のご先祖様が多くは犬や猫、まれにうさぎなどに生まれ変わっている場合があります。

講演会などで、飼っているペットのお写真——できれば正面の顔写真——をもってきていただくと、どのような魂なのかを見わけることができます。これまでの経験でいえば、ご先祖様の魂がペットに生まれ変わっていることが多いようです。

人の魂がペットに生まれ変わるケースが増えているのは、この世の終わりが近づいてきていることも影響しているようです。また、畜生道地獄にいる先祖霊を早くサトしてその魂を残してあげるために、ペットとしてあえて幽界から生まれ変わらせている場合もあるそうです。

もしペットがご先祖様の生まれ変わりだとわかった場合、通常のペットのようにかわいがることに加え、サトしてあげていただければと思います。人間の魂は、次の人生も人間に生まれ変わるのが普通です。しかし、たとえば生前にスパイをしていた人は犬に生まれ変わったり、生前におめかけさんをしていた場合は猫に生まれ変わったりします。よって、「今度は人間に生まれ変わるんだよ」と言いながら、ペットをかわいがってあげてください。そうすることでご先祖様にサトってもらうことができるのです。

さらに、ペットが人間の魂の場合、ご自分で戒名をつけてあげて位牌をつくり、供養してあげていただければと思います。

【地縛霊のひろい方】

①透明なビニール袋にお茶碗一杯程度の土を入れて、袋の口をしっかりと結んでしばってください。半透明やチャックのビニール袋は使用せず、はっきりと中が透けて見える透明なビニール袋をご用意ください。

②その袋を手にもって、以下の言葉を語りながら、地縛霊をひろいたい場所をくまなく歩いてください。

「地縛霊のみなさま、楽になるところにお連れいたしますので、この袋の中の土にお入りください」

家の中の暗いところや狭いところ、部屋の隅々にもご霊さんは集まりやすいので、押し入れの中なども戸を開けて細かくひろっていただければと思います。部屋はもちろん、トイレやお風呂、玄関、廊下、家の外回りや庭もひろってください。また、車にも地縛霊がたくさんついている場合がありますので、車の中や外回りにも袋をもって声をかけてください。

ご霊さんは、姿形は見えませんが、私たち人間と同じ心をもっています。ですから、「ほんとうに救われてほしい」と気持ちを込めて、ご霊さんに聞こえるように語りかけてあげてください。ちなみに、同じ袋で結構ですので、同じ場所を日にちを変えて三回くらいひろっていただくと、よりたくさんのご霊さんが入られます。無理なら一、二回でもだいじょうぶです。

③ひろった地縛霊の袋は、絶対に袋の口をあけないで、『奇跡の講演会』の会場におもちになり、受付にお渡しいただければと思います。受付でその後の対応をご説明させていただきます。

※会場で誰の袋かわからなくなるといけないので、必ずビニール袋には自分の名前

をマジックで書いてきてください。

以上となります。

この方法でひろった地縛霊さんは、講演会におもちいただければ、サトるご霊さんはサトらせて、悪い霊はきらせていただきます。地縛霊をひろうと、「家の中やある場所で気味悪い雰囲気を感じる」「家族が病気がち」「いつも運気が悪い」「家庭不和」などが解消する場合があります（原因にもよりますから、必ずとはいえませんが）。気になる方がいらっしゃれば、ご自宅や車の中の地縛霊をひろってみてください。

以前、私のブログの読者の方から、「占い師の方の地縛霊供養に十万円もかかるといわれたのですが、そんなにするものなのでしょうか」とご相談がありました。しかし、そんなに高いものではありません。地縛霊をひろって講演会におもちいただいた方には、神様に地縛霊をサトしてもらったり、きってもらうお礼の気持ちとして、五千円は納めていただいています。これは、神社のお祓いと同じ程度ではないでしょうか。あまりにも高い金額を請求された場合は、怪しいと思ったほうがいいでしょう。

地縛霊というのは、結構いろいろなわざわいを起こしています。以前、東京講演会に来られた方で、家が全焼した人がいらっしゃいました。神様におうかがいすると、その方の家の場合は放火ではなかったのですが、「家にたくさんの地縛霊がいたことが原因です」とおっしゃっていました。また、「家が放火された場合も地縛霊が関係していることが多い」と神様はおっしゃっています。

他にも、「いつも家族のあいだでもめごとがある」「引っ越しをしてから体調が悪くなった」「家族にうつ病者がいる」「仕事がうまくいかない」など、不運が続く場合も地縛霊がいろんな邪魔をしていることがあります。あるいは、いつも同じ場所から「ピシッ」というラップ音がする場合も地縛霊がいる可能性が高いのです。そうした現象は、地縛霊をひろうことで改善される場合があります。

第二部　奇跡の講演会

奇跡の講演会にゲスト出演

私はスピリチュアル・カウンセラーとして個人面談をさせていただいていることに加え、ある講演会にゲスト出演しています。二〇一〇年は、一年間になんと十九回も参加させていただきました。今年も昨年に引き続いて精力的に活動し、毎月のように日本各地を回っています。

この講演会は、「初めて明かされるこの世の真実」をテーマに、講師の先生が「人はなぜ生まれ、なんのために生きているのか」「幸せになるためには、どうしたらいいのか」「地球や人類は今後どうなっていくのか」などについてご説明されています。

ここ最近は、ひと昔前には聞かれなかったような親殺しや子殺しなどの異常な事件が多発するようになりました。加えて、地球温暖化が進行したことによって自然災害が大規模化したり、新型インフルエンザなどの伝染病が毎年のように猛威を振るうなど、じつに多くの問題が起きています。

このような混沌とした世の中で、人びとが将来に不安を抱き、生きる目的を見失っているように思われます。講師の先生は、この時代に生きるみなさまに対して、地球の未来や人としての正しい生き方などを、ユーモアを交えながらわかりやすくお話しになっているのです。そして私はゲストスピーカーとして参加し、神様のお言葉をみなさまにお伝えする役割を担っています。

私は幼少期から数々の霊的現象を体験し、小学生のころには神様のメッセージが聞こえるようになりました。当時はまだ誰の言葉なのかはわかりませんでしたが、のちに講師の先生と出会い、それが神様のメッセージであることを教えられたのです。

現在は「神様のお言葉をこの世に生きるみなさまにお伝えするのが私の使命」と受けとめ、スピリチュアル・カウンセラーとして活動しています。そんな私の使命をご理解いただき、講演会に呼んでもらっているのでしょう。

この講演会では、神様のお言葉をお伝えすることに加え、私がチャネリング（神様との念波交信）をおこなうことで、参加者の方々からその時に寄せられた疑問や悩みにお答えしています。このチャネリングでは、科学者をはじめ誰に聞いてもわからないこの世の不思議や、医学では解明できない難病・奇病の原因など、どのようなことにも、講演会の最中に神様におうかがいしてお答えしています。

具体的には、参加者の方々から寄せられた質問を、講師の先生が講演会の最中に読み上げ、その場で私が神様におうかがいして質問にお答えするのです。誰に聞いてもわからないこの世の真実がその場で解明されるので、参加された方々はみな一様に驚かれているようです。

質問の内容はなんでもかまいません。これまでの講演会では、たとえば以下のような質問がありました。


「東海地震や首都直下型地震はいつ、どのくらいの規模で起きるのでしょうか？」

「二〇一二年に世の中が滅ぶという噂があり、映画にもなっていますが、ほんとうなのでしょうか?」

「富士山は噴火するのでしょうか?」

「最近、異常気象と騒がれるようになってきましたが、この状況はさらに続くのでしょうか?」

「息子がうつ病で入院しています。よくなる気配がありません。なぜこのようになってしまったのか、今後どうしたらいいのか教えてください」

「中二の娘が突然、登校拒否になりました。あまり話をしたがりません。どうすればよいのか教えてください」

「坂本竜馬はどのような人物だったのでしょうか?」

「いまミツバチが世界中で姿を消しています。その原因はなんなのでしょうか?」


これらは、お答えした質問のごく一部にすぎません。ほかにも、最近話題の事件や事故の真相、政治や経済のゆくえなどについても神様から明確なお答えをいただ

いています（現在は質問の数がひとつの講演会で百を超えることもあり、すべての方の質問にお答えするのが難しくなってきました。ご了承ください）。参加者の方々の質問と神様のご回答に関しては、次に出版を予定している本の中でご紹介させていただきます。

じつはこの講演会は、「奇跡の講演会」とも呼ばれています。私が講演会に参加するにあたり、神様からそのように副題をつけるようご指示があったのです。

最初は正直、私自身も「ほんとうに奇跡なんか起こるのかな？」と半信半疑に思っていました。しかしその心配はすぐ必要なくなりました。参加された方々の中で、「体調がよくなった」「長年の持病が治った」といった奇跡が続出しはじめたからです。

たとえばこんなことがありました。

二〇〇九年九月二十日に岐阜で開催された講演会での出来事です。これまでずっと膝の具合が悪く、杖《つえ》をついて講演会に参加された方がいらっしゃいました。その方が講演会終了後、杖を忘れて軽いステップで歩いて帰られたのです。

　また別の講演会では、車椅子で来られた方が講演会の休憩中にスッと立ち上がり、歩いてトイレに行かれたこともありました。その奇跡を目の当たりにしたご家族の方は、とてもびっくりされていました。長年の頭痛や腰痛がうそのように治った方もめずらしくありません。

　体調だけでなく、「講演会参加後に倒産寸前の会社がもち直した」「嫁姑問題があったのに、講演会に参加してすっかり仲がよくなった」「長年子どもが出来なかったのに、講演会参加後に子どもを授かった」などのご報告も届いています。

　これらは奇跡のほんの一例です。「ほんとうにそんなことが起こるの?」「信じられない!」と思われるかもしれません。しかし、奇跡が起きているのは紛れもない事実なのです。神様が、「この世には目に見えない世界も存在している」「この世に神は存在する」ことをみなさまに理解してもらうため、数々の奇跡を起こしてくださっているのです。

　主催者の方の話によると、講演会の参加者がここ最近で急増しているとのことです。二〇一〇年の岐阜講演会では、なんと千人近くの方にお集まりいただいたと聞き及びました。

　こうして参加者が増えているのは、「まえがき」でもお伝えしたように、二〇一〇年三月に上梓した『WATARASE―わたらせ―』も多少は影響しているようです。この本を読んだ多くの方が講演会に参加してくださっているのです。講演会終了後のサイン会でも、「本を読んで来ました」と言葉をかけてくださる方が多く、驚くと同時に、来てくださるみなさまには心から感謝しています。

　本の出版後には、私個人の公式ブログも開設しました。このブログの反響も大きく、本と同様、ブログを読んで講演会に参加してくださる方が増えています。現在は講演会の全参加者のおよそ三分の一が、本やブログ経由で来ていただいているようです。

　このように、講演会の勢いが増すにつれ、参加者の年齢層も変わってきているようです。従来の参加者は、どちらかというとお年を召した方が多かったように思います。講演会の内容は、死と向き合うものです。そのため、ある程度年齢を重ねた方のほうが身につまされる話として耳を傾けることができるのでしょう。

ところが最近は、若い方が増えてきているようです。このことも、本やブログが影響していると考えています。霊的なことに関心をもつ若い方が『WATARASE』やブログを読んで共感し、講演会に来てくださっているのです。ひと昔前よりも、霊的に目覚めた人（魂が覚醒した人）が確実に増えてきていることを実感しています。

これはとてもうれしいことです。頭で考えるのではなく、心（魂）で感じ、考えていけるようになれば、本来の人間の姿へと戻れるのではないでしょうか。

講演会の会場はご霊さんであふれている

この講演会には、たくさんのご霊さんが集まっています。では、ご霊さんはどのようにして会場に来ているのでしょうか。それをいまからお伝えしましょう。

まず講演会が開催されると、その土地の地縛霊や浮遊霊の中で救える見込みのある霊（魂）のみ、神様によって会場に集められます。地縛霊とは、改めて説明すると、事故、自殺や殺人で亡くなった人、手術中に命を落とした人、入浴中に亡くなった人、孤独死をされた人など、いわゆる変死者が、亡くなった場所に縛られて半径五十メートル以内しか動けない状態にある霊のことです。とはいえ、実際にはほとんどの地縛霊が苦しすぎて身動きがとれないようです。

一方の浮遊霊とは、自分が亡くなったことを理解していなかったり、自らの死を受け入れることができずにこの世をさまよっている、または一度はあの世へ行ったけれど修行がつらくて逃げ出してきた霊のことです。講演会がおこなわれることで、こうしたご霊さんたちが会場にいっせいに連れてこられるのです。

ただ、その土地にいるすべての地縛霊や浮遊霊が集められるわけではありません。講演会に来られる方々のご家族や身内、友だちなど、参加者にゆかりのあるご霊さんの中で、神様からお許しの出た方が多く集められます。

また、地縛霊や浮遊霊だけでなく、講演会参加者のご先祖様も会場におみえになっています。この場合のご先祖様は、地縛霊や浮遊霊とは違い、亡くなってから四十九日目に神裁きを受け、幽界で修行中のご霊さんのことです。ちなみに、幽界とは地獄をも含んだ今生（世）犯した罪をミソグ場所のことです。幽界で苦しい修行を続けているご先祖様は、子孫が講演会に参加することで、神様の許可がある場合に一時的に幽界を出て、講演会に行くことができるのです。

このようにして、講演会の参加者に関係するご霊さんが会場に集められます。多いときには、ひとりの参加者に何百人、何千人ものご霊さんが関係していることもあります。ですから、講演会の会場はものすごい数のご霊さんであふれかえっているのです。

ご霊さんが会場に連れてこられると、まず会場の後方に集められます。そして講演会開始時間が近づくとご霊さんは会場の前方に移動し、神様からの説明を受けるようです。

私は説明の内容を聞くことはできません。ご霊さんの話によると、「自分たちはどうやら講演会の会場に連れてこられたようだ」ということを、神様の説明ではじめて理解するとのことです。

たとえば、電車にはねられて亡くなった地縛霊の方が以前の講演会にいらしていましたので、話をしました。その方いわく、地縛霊となって縛られている場所は昼間でも薄暗く、とても寒いといいます。そして、電車にはねられた瞬間の痛みや苦しみが延々と続き、「早く迎えにきてほしい」と祈り続けていたところ、ある日突然、光に包まれたように視界がパッと明るくなりました。そして、「次の瞬間には講演会の会場にいた」というのです。しかし、「なぜ自分がこの場所に来たのか」はわかりません。そうこうしているうちに神様から説明があり、「講演会の会場に連れてこられたことがようやくわかった」とおっしゃいました。

神様の説明を受けたご霊さんたちは、家族や身内の後ろに移動し、立ったまま話を聞くことになります。たとえば、この本の読者の方々が講演会に参加すると、自分の後ろに亡くなったご家族やご先祖様が立って話を聞くことになるということです。もし講演会に行かれたら、ぜひ後ろにいるご霊さんの存在を感じてみてあげてください。「肩がふわりとあたたかくなった」「頭がうしろに引っ張られる感じがした」「耳鳴りがした（これは多いです！）」などと感じられる参加者の方も増えてきました。ご霊さんは、同じ空間にいても私たちとは違い、四次元にいるので、何千人といても肉体がないので重なり合って会場内に入ることができるのです。

　こうしてお伝えすると、「講演会には霊がたくさんいるのでこわい」と思われる方がいらっしゃるかもしれません。しかしご安心ください。講演会に集まっているご霊さんが、参加者の方々にとりついたりわざわいをもたらすようなことは絶対にありません。たとえ、神様から与えられた役目として参加者の方々に一時的に憑依してしまうことがあったとしても、それはほんの数分間のことで、役目を終えるとすぐ離れていきますから大丈夫です。それ以上、体についていることを神様が許されないので、会場に来て霊につかれることは絶対にありません。

講演会の会場が黄金に輝いている理由

　講演会の会場は、ご霊さんだけでなく、ものすごい数の神様がいらっしゃいます。私が壇上で話をさせていただく際、神様が私の体を使い、参加者のみなさまにメッセージをお伝えになっていると感じることがあります。自分の体だけど、自分の体ではない。そう感じるときは間違いなく神様が私の体をお使いになっています。

最近では、参加者のみなさまの中にも、神様の存在を感じることができる方が増えてきました。それは、参加者の方々のこんなひと言でわかります。

「会場全体が黄金に光り輝いていた」

「大森さんや講師の先生の姿が黄金の光に包まれていたり、体から虹色の光が出ていた」

「紫色や緑色の光の玉が大森さんの肩に乗っていた」

「舞台の横に黄金の人がたくさん立っていて、会場を出たり入ったりしていた」

参加者によって表現はさまざまですが、この方々はみな神様の存在に気づかれています。なぜなら、神様の光を見せられているからです。神様の光は全体的には黄金色で、その中に紫や緑、虹色などがまざっています。人によって見え方や表現の仕方が異なるのでしょう。

このように、講演会の会場は、神様がたくさんいらっしゃることで美しい黄金の光やその他の色に包まれています。神様の光が見える方が増えてきたのは、霊的に目覚めた人（魂が覚醒した人）が増えてきたということでもありますので、とても素晴らしいことだと思っています。さらに、講演会をおこなった会場やその土地はとても浄《きよ》まります。

人は、話を聞くだけでなく、体験しないとわからないことがあります。こうした現象を見せられるのは、その方たちを救うために神の存在をわからせるためでもあるのです。普段は霊が見えたりしないような霊媒体質ではない人たちが、たくさんの奇跡を目の当たりにされていることからもそれがよくわかります。

亡くなったご家族と涙のご対面

すでにお伝えしたように、講演会には参加者の身内のご霊さんやご先祖様がたくさん集まっています。ですから、ときには講演会の最中に亡くなった家族とご対面いただく場合があります。

以前にこんなことがありました。

ある講演会に寄せられた質問のひとつに、「亡くなった妻がいまどうしているのかを知りたい」という内容がありました。その質問に対する神様のお言葉を読み終わったとき、最前列に座っていた女性が、突然、声をあげて泣きはじめたのです。じつは、質問を寄せていただいた方の亡くなった奥様が講演会の会場に来られていて、最前列の女性についてしまったのです。

講演会の最中なので、会場が突如として異様な雰囲気に包まれました。しかし、旦那様が、千人近くの参加者がいた会場のどこにいらっしゃるのかはわかりません。そこで、講師の先生が「旦那様はどこにいらっしゃいますか？　もしよろしければ奥様に会ってあげてください」とおっしゃいました。するとひとりの男性が手をあげ、泣き叫ぶ女性のところまで歩み出てくださったのです。

その女性は、男性を見るなり体に寄り添い、泣きじゃくっていました。その男性も女性の手をしっかりと握りしめ、なだめています。その後しばらく、手を握りしめたままの状態で、おふたりの時間を過ごしていただいたのです。会場のみなさまも、ふたりの感動の再会をあたたかい眼差しで見守られていました。一瞬にして会場の空気が一体となり、参加された方々も愛を感じられたことでしょう。

この男性は、講演会終了後、「あの方は私の妻だと思います。講演会に来てほんとうによかったです。ありがとうございました」と感謝をされていたとうかがいました。

別の講演会ではこんなこともありました。

あるご夫婦が「数年前に事故で亡くした息子のことが心配でなりません。いまどうしているのか教えてください」という質問を寄せてくださったのです。

質問に対する神様のお言葉を壇上でお伝えしているとき、ふと会場を見ると、あるご夫婦の後ろに青白い光がすーっとおりてきました。よく見てみると、ひとりのご霊さんがスポットライトのように青い光で照らし出されています。それを目にした瞬間、「このご霊さんが質問を寄せてくれたご夫婦の息子さんだ」ということがわかりました。そして、そのご霊さんの前に座るおふたりが、質問を寄せてくれたご夫婦だということもわかりました。

青白い光は、神様のメッセージを読ませていただいているときによく見る光景です。いつもは黙っているのですが、その日はたまたま、「息子さんがどこにいらっしゃるのかがわかるのですが…」と、講師の先生につい伝えてしまいました。

すると講師の先生が、「いま息子さんがどこにいらっしゃるのかがわかるようです。ぜひご家族の方に教えてあげてください」と会場全体に聞こえるようにおっしゃるのです。息子さんを事故で亡くされているので、多くの人がいる会場で私が言ってしまっていいものかどうか迷いました。しかしそのご夫婦のためを思い、「亡くなった息子さんのご両親はそちらの方ではないですか?」と、スポットライトで照らされたご霊さんの前に座るご夫婦に声をかけさせていただいたのです。すると、そのご夫婦が「はい、そうです」とお返事をしてくださいました。

こうしてお伝えすると、「参加者の表情を読みとっているのだろう」と思われる方がいらっしゃるかもしれません。しかし、その会場は千人ほど収容できる広いところです。壇上から参加者一人一人の表情が確認できるわけではありません。

このご夫婦も講演会終了後のサイン会に来てくださいました。そして、「先ほどはありがとうございました」と自ら名乗り出てくださったのです。このときも、ご夫婦の息子さんがまだ後ろに立っていらしたので、息子さんのお気持ちをその場で聞いて、おふたりにお伝えしました。その内容は、「僕はこういう思いで亡くなった」「生きていたらこんなことをやってみたかった」「この世にこんなことを思い残している」など、私が知るはずもないことばかりです。そうした息子さんの気持ちをご夫婦にお伝えすると、じっと耳を傾けていたご主人が涙を流されたのです。

あとでご夫婦の知り合いの方から聞かされたのですが、ご主人は人前で涙を見せるような人ではないそうです。私を通して息子さんの気持ちを聞き、「これはほんとうの息子だ。やっと息子に会えた」と確信されたからこそ、感極まるものがあったのでしょう。

地方の講演会では次のようなこともありました。

ある女性から、「事故で亡くした娘がいまどうしているのかを教えてください」という質問をいただいたときの話です。その日も他の講演会と同様、青白いスポットライトが会場のある場所にすーっとおりてきました。その光が照らし出すご霊さんが、質問を寄せてくださった女性の娘さんだということはすぐわかりましたが、質問をされたお母さんの心を読むと「こういうことは会場の人に知られたくない」と思っていらっしゃるのです。

講師の先生は途中で、「この質問を寄せていただいた方はどこにいらっしゃいますか？　よかったら手をあげてください。娘さんと再会していただけますよ」と会場に呼びかけました。しかしそのお母さんは「どうしよう…いま名乗り出ないと娘に会えない。けれどみんなに知られたくないし…」と迷っていらっしゃいます。そこで私は、「お母さんはいま躊躇《ちゅうちょ》していらっしゃいます。いまはやめておきましょう」と講師の先生にお伝えし、そのまま神様のお言葉を読み続けました。

とはいえ、そのお母さんは亡くした娘さんとの再会を望まれています。「なんとか会っていただきたいな」と思っていたところ、講演会終了後のサイン会に来てくれたのです。

そこで「娘さんにお会いしましょうね」とそのお母さんに話しかけました。当然ながら、「なんで私が質問した娘の母親だとわかるんですか！」と驚かれていますす。「講演会の最中、お母さんのうしろに娘さんが立っていらっしゃいました。でも、

〝こういうことは人に知られたくない〟というお母さんのお気持ちを察して、あえて違う方向を向いてしゃべっていたのです」と説明しました。すると、「ほんとうにそのように思っていたのです！」とさらにびっくりされていました。

その方には、サイン会の終了後に娘さんと再会していただきました。講演会スタッフの女性の体に娘さんに入っていただき、お母さんと話をしてもらったのです。ひととおり話し終えたあと、「娘に聞きたかった真実が確認できました。胸にずっとつかえていたものがとれた感じで、心が軽くなりました。ほんとうにありがとうございます。これで、やっと前に進んでいけそうです」と喜んでおられました。

このように、サイン会の会場で感動の再会をしていただくケースはほかにもあります。以前、サイン会に来られた方が、「亡くなった父はいま、どうしているのでしょうか」と私に質問されました。お父さんはその方のすぐ後ろに立っていたので、「いま後ろにいらっしゃいますよ」とお伝えすると、講演会スタッフの女性に突然、お父さんの霊が入ってしまったのです。霊につかれたその女性は人が変わったように話しはじめ、お父さんとの涙のご対面をその場でしていただきました。この方の場合は三十年ぶりの再会ということで、神様がお父さんとの対面をお許しになられたのです。

こうした突然の再会は、私が意図的に操作することはできません。神様が「この人なら再会させてあげてもいい」と思われた場合のみ、ご家族の霊とご対面いただけるのです。

大切な方との別れはとてもつらいものです。別れに対して神様からメッセージをいただいています。以下にご紹介させていただきます。

神様からのお言葉

肉体との別れ…大切な人が死んでしまったら
悲しい気持ちになるのは、当然です。

そのショックからなかなか立ち直れない人もいる。
とくに親、子ども、そして兄弟など肉親、
または妻や夫などの場合はその悲しみは大きい。
死んだことが信じられない…認めたくない…
そんな気持ちになったりもする。
しかし、現実は、現実として受け入れ、
あなた自身も次へと進まなくてはなりません。
そして、そうできるように、人間というものはつくられている。
生きているあなたが、先立った人のことをなげき、
悲しみ、暗い日々を送ることは、さらなる不幸を招きます。
先立った人は、たとえどんなかたちの先立ち方をしたとしても、
この三次元での修行を終了し、
あなたより先に四次元に行き、修行をしています。
修行の場が変わっただけで、なにも変わりません。

肉体がない以外、すべてあなたと一緒です。
意識もある。むしろ、人間の本来の姿へと戻ったんです。
人間とは、いまのその肉体が本来の姿ではなく、
肉体を脱いだ意識体が本来の姿なんです。
でも、この物質の世界、三次元にいるときは、
これがすべてだと思って、肉体を失うことに恐怖を感じる。
肉体がすべてではない。
肉体を脱いだあとに、なんともいえない開放感をみな感じるのです。

神様からのお言葉

人の死をなげいてはならない。
死にゆく人は、見送られるときに大泣きされるより、
笑顔でいてくれる方がうれしいと思っている。
まわりの人びとに大泣きされると、死にゆく人も泣きたくなってくるもの。
自分がなにかひどいことをしてしまったのか!?
とさえ思って苦しい気持ちになる。
葬儀の日とは、やっと一度の人生を終え、次の修行へと旅立つことができる、
霊的に考えればめでたい日。
一歩、神へと近づく日（人間はこの世での人生を三十回終えれば神になるから）。
そんなおめでたい日に泣かれ、

「私をおいていかないで〜」としがみつかれても、
どうしてやることもできないもどかしさや先立つ申し訳なさ…
いろいろな感情が入り乱れて、安心して修行の場へと旅立てない。
それは、つまりこの世への執着ともなってしまう。
残してゆく者のことが心配で、
自分の別世界（四次元）での未来を楽しめない。
安心させてあげてください。
「こちらのことは大丈夫‼
安心してあなたはあなたの修業（行）に励んでね‼」
と言ってあげるほうがいい。
少々、さっぱりしすぎぐらいでちょうどよい。
この世への未練もなくなるから…。
そうしてあげることが残された者の役目です。

講演会で参加者の方々やスタッフの体にご霊さんが入ってしまうのは、すべて突然のことです。そのため、参加された方々はみな一様にとてもびっくりされるようです。霊的なことを特集したテレビ番組などでは、事前になんらかの打ち合わせやしかけをすることが多いようですが、講演会で起こる一連の出来事は、当然ながら事前にしくまれたことではありません。その場でいきなり起こる奇跡だからこそ、驚かれるのも無理はないでしょう。

ちなみに講演会では、亡くなったご家族のご霊さん以外に、歴史上の偉人などの魂を呼び出すこともできます。そして、神様が「この世に生きる人びとにまだ教えてはいけない」と判断されたこと以外であれば、どんな謎や疑問でも聞くことができるのです。

以前の講演会では、織田信長の魂を呼び、ある主婦の方の体に入ってもらいました。するとその主婦の方の目つき顔つきが変わり、まさに、戦国武将の表情になりました。会場にいらした皆さんはおどろかれたと思います。そして、あの時代に実際になにが起こったのか、その歴史の真相を信長自身に語ってもらったのです。

このように、本物の魂を呼び寄せることができるからこそ、誰もが知らない真実を確認することができるのです。ときには、歴史を塗り替えてしまうような話も飛び出してきますから、ほんとうに驚きます。

福島講演会のときには、白虎隊のご霊さんたちが連れてこられ、会場の最後列の壁面にピシッと礼儀正しく立ち並んでいました。そして、まだ若いご霊さんたちが、真剣な眼差しで講演会の壇上を見つめてくれていたのです。その日、会場にいらっしゃったみなさまにも、白虎隊のご霊さんのことをお伝えいたしました。

このように、数多くのご霊さんが集まる講演会は、亡くしたご霊さんとご対面いただいたり、普通では到底知ることができない歴史上の偉人の言葉が聞ける貴重な場所でもあります。とはいえ、先ほどもお伝えしたように、講演会の会場に来ることでご霊さんがついてしまうなどの心配はありません。ご安心ください。

あなたが講演会に参加することで魂を救済している

講演会に参加したご霊さんは、ご家族や身内の後ろに立ち、講師の先生の話にじっと耳を傾けています。たとえ連れてきた本人が居眠りをしていたとしても、ご霊さんは真摯な態度で真面目に聞き入っています。そうして真剣に話を聞いているからこそ、サトリが早く訪れます。

地縛霊は、死後に神裁きを受けておらず、幽界に行くことができていない人です。同じく浮遊霊も、神裁きを受けていない場合が多く、幽界に行くことができていません。この方たちは、まだ自分が死んだことすら理解していないことも少なくありません。そんなご霊さんは、講演会の話を聞くことで「自分は死んだのだ」という事実を知り、サトリを得ることができるのです。

あるいは、自分が亡くなったことは理解しているけれど、この世に執着があって神裁きを受けることを拒否しているご霊さんもいます。そういう霊は、浮遊霊となってこの世をさまよい続けるだけでなく、人についてしまったりもします。しかし、浮遊霊となって人の体につくことは罪とされています。こうした浮遊霊の方々も講演会で話を聞くことで執着をとり、「自分は死んだ」ということを受け入れます。そして、「自分が人の体についていることは罪なのだ」ということを理解するのです。

このように、ご霊さんが講演会の話を聞いてサトり、神裁きを受けて幽界に行こうと決意すると、ついている人の体から離れていきます。実際に、かなりの数のご霊さんが講演会でサトり、幽界に旅立たれます。

一方、ご先祖様の場合、講演会の話を聞くたびに魂の段階があがっていきます。たとえば、以前、講演会に来る前は「血の池地獄」、いわゆる幽界で苦しみの修行を続けていたご霊さんがいらっしゃいました。その方に話を聞いてみたところ、何度か講演会に参加することでサトり、「幽界に戻ったときには修行の場所が変わっていた。いまは苦しくなく、草むしりをしている」というのです。講演会の話を聞いて自分でサトり、魂の段階があがることで、あの世での修行の場所が変わったのです。

このように、数多くのご霊さんが講演会に来ることでサトり、人の体から離れていきます。つまり、あなたが講演会に足を運ぶことで、数多くの魂を救っているということです。

講演会の参加者は、「講演会に行くのは自分だけの問題だ」と考えている人がほとんどでしょう。しかし、「自分が連れてきたご霊さんの魂を救済している」という事実を知れば、講演会に参加する新たな意義を感じることができるのではないでしょうか。

はじめて講演会に参加される方の中には、「友だちに誘われて軽い気持ちで来た」という人がいらっしゃると思います。あるいは半ば無理やり誘われ、いやいや参加した人もいるかもしれません。しかし、理由はどうであれ、講演会に参加すること自体がすでに人助けになっているのです。

あなたが講演会に参加することで、ご先祖様も連れてくることになります。そして知らないうちに多くの魂を救済しているのです。それは、神様に対しても貢献していることになります。

ご先祖様と一晩だけ夕食をともに

講演会に来たご霊さんがサトると、ついていた体から離れて幽界に旅立つとお伝えしました。しかし、サトリを得たご霊さんの中には、神様から「今日一晩だけ家族の家に置いておく」とお許しがでることがあります。

通常、ご霊さんが会場でサトると、ついていた体から離れ、まず神裁きを受けに行きます。ところが、神裁きを受けにいくのは朝の時間と決まっています。ですから、「その日の夜は家族の家に帰ってもいい」と神様がおっしゃることがあるのです。

とくに地縛霊のご霊さんの場合、地縛を解かれて講演会の会場に来て、数十年ぶりに家族と再会できたということもあるでしょう。ですから、「一晩だけでも家族と夕食を食べさせてあげよう」という神様の温情だと思うのです。ご霊さんによっては、「一週間、家に置いておく。その七日間が四十九日の代わりです」と神様がおっしゃることもあります。

神様からそのようにお許しがでた場合、そのご霊さんのご家族に対して、「今日の夜、ご先祖様と夕食を一緒に食べてあげてください」とお伝えするようにしています。

このように、神様がご霊さんを「一晩家に置いておく」とおっしゃった場合、ご家族のみなさんは、ご先祖様の分まで夕食を用意し、テーブルに並べて一緒に食べてあげてほしいのです。亡くなった人の分のお膳も用意する、いわゆる昔の〝影膳〟と呼ばれるものです。そうして影膳を用意し、家族そろって食卓につき、「一緒に食べましょうね」「久々の我が家はどうですか?」などと話しかけてあげるといいと思います。

一緒に食べるとはいえ、ご先祖様の影膳の分量が減るわけではありません。ご霊さんは口から食べるのではなく、湯気を吸い込むことでおなかがふくれるからです。ただ、食事の分量は減らないものの、ご先祖様が食べたあとのご飯の味は変わっています。たとえばお寿司を出した場合、お米の酢の味が抜けてしまうこともあるようです。ブログの読者の方々の中にも、「ほんとうに味が変わっていました!」

とご報告いただくこともあります。ご先祖様と一緒にご飯を食べる機会があれば、普通のご飯とご先祖様が食べたあとのご飯で、ぜひ食べ比べをしてみてください。多くの方が感じますので…。ちなみに、正直にいってあまりおいしくはありません。なんだか間の抜けた味となることが多いようです。

霊がついていた場所の毒が溶け出す

ご霊さんがサトると、ついていた人の体から離れていくとお伝えしました。これを専門的には「離脱」といいます。ご霊さんが離脱する光景はとても美しく、まるで幻想的な光に会場全体が包まれているようです。

クリオネという生きものをご存知でしょうか。ギリシャ神話の海の妖精・クレイオが名前の由来といわれるように、クリオネは流氷の天使のように美しい姿をしています。講演会の会場内でたくさんのご霊さんが参加者の体から離脱していく様子は、まるでクリオネが水面に向かってゆらゆらとのぼっていく姿のように美しいのです。神秘的な光景に私もしばしばときを忘れるほどです。

ご霊さんが体から離脱するとき、人によっては心臓がぴくぴくと感じることがあるようです。あるいは体がもぞもぞと感じたり、少し痛みを感じたという方もいらっしゃいます。これらはなにも心配することではありませんので、ご安心いただければと思います。

体に憑依していたご霊さんが離れると、長年の持病が治ることがよくあります。それは、ご霊さんが体についていた場所には毒が溜まっていて、ご霊さんが離脱することでその毒が溶け出すからです。私がゲスト出演させていただいている講演会を「奇跡の講演会」と呼ぶ理由はここにあります。講演会に参加することで病気が快方に向かったり、人生が好転するなどの奇跡が頻繁に起こるからです。

病気の原因の大半は、霊障によるものです。たとえば、がんや精神病、うつ病、痴呆症、原因不明の難病の場合、その多くは霊的なことが原因であると神様はおっしゃっています。あるいは、家庭不和や犯罪被害などの不幸に悩まされていらっしゃる方も、その原因の多くが霊障によるものだとされています。

これら病気や不幸現象の根本である霊の問題を完全に解消するのは、難しいものです。しかし、講演会に参加するだけで自分の体についていた霊がサトり、体から離脱することで長年の持病がよくなったり人生が好転することがあるのです。

ただし、こうした奇跡を起こすためには、条件がひとつあります。それは、講演会の内容を素直な気持ちで受け入れることです。体の調子が悪いというのは、霊的なことだけでなく、その人自身の心にも関係することです。ですから、ご霊さんが体から離れても、自らのおこないを心から反省し、生き方を変えなければ救われないのです。

「講演会にいやいや誘われて来てみたけれど、こんな話は受け入れられない」

「人間は死んだら終わり。自分の好きなように生きてなにが悪い」

講演会に参加しても、こうした考えを改めない限り、奇跡を実感することはできません。

講師の先生が話された内容を、「なにがなんでも実行しないといけない」と言っているわけではありません。実行するしないにかかわらず、まず受け入れて、自らのおこないを反省する。そしてこの世は人生修行の場だと理解して、正しい生き方に変える努力をおこなってみる。その心の姿勢が大切なのです。
まず受け入れることの大切さに関して、神様が次のようなメッセージを届けてくださいました。以下にご紹介させていただきます。

神様からのお言葉

神は平等にすべての人間たちへとメッセージをおろしている。
　気づかない人間たちがあまりにも多いだけ。
未来予知的内容から個人的なことにいたるまで、こと細かに日々語りかけている。
　魂のくもりを取り除けば、特殊な能力などなくとも
神の言葉をこうして直接受けられるものを…。

ほんとうは、全人類に受けてほしいと思っている。
いまは、このようなかたちでの念波しか送れない。
しかし、この文明最後のときには、
ほとんどの人間たちが聞こえるような念波を個々に直接送る。
その神の声に素直に従って神を信じついてくるのか、
自分の考えで行動するのか。運命の分かれ道となる。
最後の神だめしのときともいえる。
自分にも神のメッセージが聞こえる日が近い将来、
来るのだということだけは覚えておいてほしい。
そんなに先のことではないのだから…。

神様からのお言葉

「信ずる者は救われる」

こんな言葉はどこかで何度も耳にしたことがあるかもしれないが、この短い言葉の意味をほんとうに理解できている人間はまだ少ない。なにを信じた者が救われると言っているのかがわかっていない。

わかっていないから、間違ったものを信じ、神の思いとは違う方向へと進んでいってしまう。

我々、高次元の存在、いわゆる人間たちの言葉では神といわれる存在が実際にあるのだということを認める。神はいる!!

それを信じなさいと言っているのです。

この三次元の空間だけが、すべてだと思っている人びともいるが、そうではありません。

あなた方は、いまの自分の肉体が本来の自分の姿だと思っていますが、

その肉体はこの三次元に今回生まれ出てきて使うための器…

ただの容器のようなもの。

肉体ではなく、あなたの意識が本来のあなたの姿なんです。

人間とは、肉体ではなく意識体なのです。

だから、あなたは自分の意識によって自分の肉体を変化させることができる。

簡単にできてしまう。自分の意識の中でそう思うだけのこと。

誰にでも簡単にできるのです。

たとえば、病気をするのがいやだったら、

「自分の肉体は病気をしない!!」と決めるんです。

そしてそれを自分で常に意識して生活をする。ただそれだけです。

自分がすでになんらかの病気をしている場合、

その病気の箇所を「元の状態へと戻そう!!」と意識するのです。

そして戻るのだと心から信じます。それだけのことです……。
なにも複雑な構図をつくり上げる必要はない。
すべて物事はシンプルなんです。
もっと単純に考えてください。
神と呼ばれる存在を信じ、行動していく。
そうしていくことで、
あなた自身がこの宇宙エネルギーと融合できるのですよ。

講演会参加者に起こる奇跡の数々

では、講演会に来た参加者にはどのような奇跡が起こるのか、その具体例をお伝えしましょう。

杖を忘れて歩いて帰られた方、あるいは車椅子から立ち上がって歩いた方のお話はすでにお伝えいたしました。ほかにも、講演会参加者の方々からさまざまな奇跡の体験が寄せられています。以下、その一部をご紹介しましょう。

★講演会に参加させていただくのは三回目です。今回、宇宙のパワーを入れていただいたところ、とても熱く、帰りの車の中でもまだ熱く感じるくらいでした。私は、パーキンソン病ですが、宇宙のパワーを入れていただいたあと、スロープもない階段の昇り降りができるようになりました！　帰りの足どりが少し速く歩けているように感じました。（七十代女性）

★長年の悩みである腰痛が、宇宙のパワーによって軽くなり、腰がだんだん伸びてくるのが、体験してよくわかりました。身体が真っすぐになり、気持ちも変わりました。ありがとうございます。（六十代女性）

★肩が痛かったのに痛みが取れ軽くなりました。講演会から九日たっても、まったく痛くないままです。（六十代女性）

★一年前から歯茎が痛く、歯医者にいっても治らないので、やわらかいものしか食べられませんでした。しかし講演会のあと、痛みがウソのように消えて、普通に食べられるようになりました。参加させていただきありがとうございました！（六十代女性）

★冷え性で足が冷たく、眠れない夜が多くありました。講演会で宇宙のパワー体験をしてからは、足がフワフワするくらいあたたかく、朝まで眠れることが多くなりました。とても助かっています。（六十代女性）

★背中と肩がとても凝っていてつらかったのですが、宇宙のパワー体験でウソみた

いにらくになりました。（三十代男性）

★母の痴呆が少しひどくなり、心配でしたが、思い切って参加してみました。すると、講演会終了後に母の顔が変わっていました。昔の母に戻ってくれたような表情で、話す内容もしっかりしているように感じ、とてもうれしいです。ありがとうございました。（四十代女性）

参加者の方々のお話をうかがっていると、体が悪い人ほど奇跡を実感されやすいようです。体の状態が悪いほど変化が見えやすいからでしょう。

一方、体調のいい方の場合、目に見えるような急激な変化がないため、一見《いっけん》して奇跡が起こっていないと感じてしまうのかもしれません。

健康体の方の場合、「体が熱くなった」「視界がパッと明るくなった」などとおっしゃる方もいます。とくに体に霊がついていると、視界が暗く感じることがあります。霊が離脱することで視界が明るく感じるのでしょう。

好転反応は快復の兆し

奇跡の体験を実感される方の中には、講演会終了後に一時的に体調が悪くなる場合があります。これは好転反応と呼ばれるもので、心配することではありません。ここで、どのような好転反応があるのかをご説明しておきましょう。

体についていたご霊さんが離れると、その部分の毒が溶け出します。その際、毒が溶け出す部分に痛みを感じることがあります。あるいは毒を出すため、一時的に下痢になったり、嘔吐することもあります。そのほか、よく聞かれる好転反応は以下のとおりです。

◎講演会終了後、体がだるくて仕方がなかった

◎講演会終了後に鼻血が出た
◎講演会終了後に頭痛がひどくなった
◎講演会終了後に腰痛がひどくなった
◎講演会終了後にじんましんやアトピーがひどくなった…

講演会に参加したあと、これらの症状が一時的にみられた場合、それは体についていたご霊さんが離脱して毒が溶けはじめた証拠だと考えてください。いうなれば、好転反応は体調が快復する兆しのようなものなのです。

とくに二〇一〇年におこなわれた岐阜の講演会では、好転反応が起きた方々が多かったように思います。その理由は、講演会の会場で、参加者全員の体についたサトる見込みのない悪いご霊さんを、講師の先生と私とでいっせいにきらせていただいたからでしょう。

人間にとりついているご霊さんには、うらみや執着が強すぎて、サトしても離脱しない人霊や動物霊などがいます。そこで、神様が人間の体を使って光を放ち、悪霊の魂を一瞬で消してしまうのです。

この消霊（＝霊をきる）を受けているときは、痛くもかゆくもありません。長年にわたり憑依していたご霊さんが体から離れるので、岐阜講演会では好転反応がより多くみられたのだと思います。

好転反応は短期間でおさまります。人によって個人差があるので断定することは難しいのですが、一日から長い方でも一週間程度で好転反応がおさまり、体調がよくなることが多いようです。

ちなみに、私の場合は以前、毒抜きの好転反応としてきっちりと五日間、体中にじんましんが出ました。体中とはいえ、顔や手、足など人に見える場所にはまったく出なかったので不思議です。そして六日目の朝、じんましんがうそのようにひいて体が軽くなり、体調がとってもらくになったのです。

さらに驚くことに、私の好転反応がおさまったと同時に、今度は娘の体にじんましんが出ました。ところが不思議なもので、娘のじんましんも、私と同様に五日間でピタリとおさまったのです。そして、今度は息子にじんましんが出て、やはり私たちと同じように五日間でピタリとひいてしまいました。

あとで神様が教えてくださいましたが、これは私が授乳中に薬を飲んだことが数回あり、その毒が溶け出したとのことでした。ほんとうにすごいことです。

このように、講演会に参加したり、消霊を受けたあとに好転反応が出ることがあります。しかし、すべての方に好転反応があらわれるわけではありません。講演会の内容を素直に受け入れた方に比較的多く起こるようです。とはいえ、好転反応がないからといって、「素直に聞いていない」というわけではありません。あくまで個人差がありますので、参考程度に耳を傾けていただければ幸いです。

精神科のお医者さんが講演会に参加

講演会にはさまざまな方が参加されています。自ら難病や不幸現象に苦しめられている方、人生になんらかの悩みを抱えた方、体調不良のご家族や友人がいらっしゃる方、なかにはスピリチュアルの仕事をしている方も参加されています。

すでにお伝えしたように、以前、精神科のお医者さんが講演会におみえになりました。講演会に参加された理由をうかがうと、「医療ではどうしても解明できない精神的な病気があるのです」とのこと。精神科にはさまざまな症状をもつ人が来院されます。そういう患者さんの中には、「今生（世）ではなく、前生（世）になんらかの因果関係があるとしか思えない症状をもつ人が実際にいるのです」と精神科のお医者さんがおっしゃるのです。結果として、医学の限界を感じ、「決められた薬を処方するしか方法がない」と言います。

医学では解明できないし、薬では治らない。そのことに精神科のお医者さんも気づき、ジレンマにおちいっているのです。お医者さんによっては、「霊的なことがわかる人への相談を勧める人もいる」とうかがいました。

精神科の医師だけではありません。以前、整体師の先生が、うつ病の娘さんとそのお母さんを連れて、私のもとに相談にみえたことがあります。その先生いわく、「この娘さんは病院に行ったけれどうつ症状が治らず、医師から『整体にでも行って気分を変えてみませんか?』と勧められ、私のもとに来られたのです。しかし私の力ではどうしようもないし、医療でも治らない。最後の望みとして大森先生のところに連れてきました。どうかよろしくお願いします」とおっしゃるのです。

整体師の先生は私のブログを読んでくれていたようです。「大森先生のことは存じ上げています。私は確信していますから」と信頼していただいています。その娘さんの場合はご霊さんがついていましたので、霊査をおこなったのち、その場で霊をきらせていただきました。

末期がんの患者さんや難病を患う方が、私のもとに相談に来られることもあります。なかには、お医者さんから、「医療では残念ながらこれ以上のことはなにもできません。もしよろしければ、スピリチュアル・カウンセラーなどに相談に行かれてはどうですか」と勧められ、私のもとに相談に来られた末期がんの方もいらっしゃいます。医療では解決できないので、あとは〝いかに心の安らぎを求めるか〟ということなのでしょう。

講演会に参加することで起こる奇跡の体験は、医療や現代医学では答えが見出せないことも少なくありません。だからこそ「奇跡の講演会」といわれているのです。

サイン会は長蛇の列

講演会は大々的には宣伝されていないので、以前は、主催者の方々が配られるチラシをたまたま見て参加した、あるいは、お友だちやご家族に誘われて来たという方が多かったのですが、最近は、私の本やブログを読んで参加される方がかなり多くなってきました。

はじめて参加される方は、「どんな講演会なのだろう…」と少し緊張なさるようです。ところが、講演会が終わってみると、「講演会に参加してほんとうによかったです。ありがとうございます」と、感謝の言葉をいただくことが多くて驚いています。以下、参加者の方々からいただいたお言葉のほんの一例をご紹介します。

★昨日までの自分の生活、考え方、生き方を反省しました。「幸せになりたい。この世に生まれてきたのにつらいのはなぜ？」といつも思って生きてきました。今日の講演を聞き、自分の意識を改めようと思います。このお話を知ったことにより、いままでの自分より少し前進できるかなと思います。またこのような機会があればぜひ参加し、前進していきたいです。（四十代女性）

★人間の基本中の基本の話だと思います。すごくいい話でした。日常生活に流されがちですが、常に心正しく生きることを意識して過ごし、またそうなれるように努力することが大切だと思いました。ほんとうに聞いて無駄はなかったです。（六十代女性）

★ためになるお話をありがとうございました。今日から違う気持ちで日々、過ごしていけそうです。今日の講演のお話を主人にも話してあげたいと思います。（四十

代女性）

★「ただ、ありがとうございました」のひと言です。誘っていただいた方に、感謝申し上げます。（四十代女性）

★感謝の気持ちで生活したいと思います。連れてきてくれた嫁に感謝です。ありがとう。（六十代男性）

★なにかいやなことがあったり、不満に思ったりと、いつも相手のせいにしていました。しかし、「原因は自分にある」「自分の考え次第で変わる」ということがわかりました。すぐには実行できないとは思いますが、今日の話を忘れず毎日感謝して過ごしたいと思います。ほんとうにありがとうございました。（五十代女性）

★母親に連れてきてもらいました。思いがけず感動してしまいました。いままで沢

山迷惑をかけてきたので、私も人のために生きられるようにがんばります。（二十代女性）

こうした参加者の方々のお言葉は、講演会終了後のサイン会でもよくいただきます。書籍の出版と合わせて講演会でサイン会をはじめてから、たくさんの方々に並んでいただいています。講演会の会場が大きいときには、二時間以上も並んでいただくことがあるほどです。その場合、一人一人とゆっくりお話する時間がなかなかもてません。それでも、講演会に参加した感謝のお言葉をたくさんの方々から頂戴するのです。

私のサイン会では、参加者のみなさまと握手をして、宇宙のパワーを入れさせてもらっています。パワーを感じる人は、握手をしたときに「体が熱い」「手がびりびりとする」などとおっしゃいました。また、以前のサイン会では、いつもは足が痛くて、ほんの十分間でも立っていられないというご高齢の方が、「サイン会で一時間ほど立って並んでいたけれど、足がまったく痛くならず不思議でした」と言ってくださったときもありました。

このように、サイン会の時間が長丁場になるものの、会場を出ないといけない時間には、いつもピタリと終了するから不思議です。

これは、講師の先生も同じようです。講師の先生は、会場内で参加者の方々の体に宇宙のパワーを入れておられます。〝宇宙のパワーを入れる〟とは、人間の体を浄化することです。具体的には、神の光を手のひらから放射させ、病気の痛みや症状を緩和したり、体内の毒素を溶かしたりするのです。この宇宙のパワー体験にもたくさんの方が並ばれているのですが、サイン会同様、会場が閉まる時間にはピタリと終了するのです。

サイン会も宇宙のパワーを入れることも、神様がなされることです。きっと、会場関係者や主催者の方々に迷惑をかけないため、会場が閉まる時間に終わるよう調整されているのでしょう。

人びとが講演会を求めてきている

講演会にゲスト出演させていただいていると、「世の中の人びとが講演会を求めている」ということを痛切に感じるようになりました。ここ最近、とくに強く感じます。

講演会の会場は全席自由席――今後は指定席となる会場もあるようです――なので、以前は後方の席から埋まりはじめていました。ところが最近は、最前列の真ん中の席から埋まっていきます。さらに、受付開始の一時間ほど前から並び、開場と同時に走って席取りまでされるのです。あとから来た人が最前列の真ん中の席にハンカチが置かれているのを見て、「この席はもう誰かが取っているのですか?」と残念そうにおっしゃる姿も見られるようになりました。

また、講演会の最中に壇上でお話しさせていただいているとき、最前列の方が身を乗り出して、かじりつくように話に聞き入ってくださるのがわかります。以前の講演会ではこうしたことはありませんでした。以前といまとで、まったく雰囲気が異なることに驚いています。

　すでにお伝えしたように、若い参加者の方々も増えてきました。ある講演会のサイン会では、中学生くらいの子たちが来てくれました。「話の意味がわかった？」と聞くと、「わかりました。とても楽しかったです！」と答えが返ってきます。若い人でも目に見えない世界に興味のある人が増えてきたということでしょう。

　私のブログを読まれている方の中にも、ご霊さんが見える人がいらっしゃいます。その方々は、「霊が見えるということは、誰にも言ってはいけないと思って封印してきました」とおっしゃる方もいらっしゃいます。けれど、私のブログには目に見えない世界を信じる人たちが集まっています。「ブログを読み、こういう話を人に言ってもいいんだと思い、気持ちがらくになりました」と、霊感が強いことに対する悩みが解消されるようです。

　これほど多くの方が講演会に来てくださったり、ブログを見てくださるということは、私たちの魂がつながっている証拠です。こうした魂のつながりを大切に、これからも講演会や書籍、ブログなどを通じて神様のお言葉をみなさまにお伝えしていきたいと思っています。

目に見えないことに興味をもつ人が増えてきたことに対して、神様は次のようにおっしゃっています。ぜひ参考にしていただければと思います。

神様からのお言葉

本来、肉体をもつ人間たちは、

自分たちの住む現界（三次元空間）のこと以外をあまり知らなくてもよかった。

記憶を消して生まれさせているのも、この三次元にいる間は、

他次元のことを知る必要がないから…。

しかしいま、人間たちの魂が著しく進化して、

他次元のことに気づきはじめている。
この現界に生まれる前のこと、死後のことに興味をもつ人間が増えた。
だから、正しくほんとうのことを伝えなくてはならないときにきてしまいました。
誤解のないように、正しく教えます。
正確に神の言葉を伝えることができる者を使い、こうして伝えます。
その言葉に耳を傾ける者たちは、
すでに魂がそのレベルまで達している者たちです。
だからといって、
耳を傾けることのできない者たちのことを
非難したり、バカにしてはならない。
その者たちは、まだ魂が若い。再生回数が少ない。
だから、いまは受け入れられないだけ。
時期が来れば、必ず受け入れられるから大丈夫。
魂が覚醒した者たちが、自分より若い魂を導いていってあげるのですよ。

その場合も、決して押しつけてはならない。

今年の三月十三日、東日本大震災で津波にのまれてお亡くなりになられた百八十名の方々（とくに岩手県で亡くなられた方）の霊を、神様の許可をいただき、岐阜へ連れてきていただきました。そして、二百五十名ほどのみなさんとともに、津波で亡くなられた方々の思いを聞き、苦しみをわかち合い、今後どのようにされたらよいのかを話し、サトさせていただきました。

泥をたくさん飲み込まれて喉が詰まってしまった方、片足がちぎれて「痛い！痛い！」と泣き叫ぶ子どもさん、頭が割れて脳みそが飛び出した状態でも子どもの名前を叫ぶ女性…そこは、まるで津波でお亡くなりになられた方々の被災地そのものので、すごい事態となりました。

お亡くなりになられた方々の多くは、まだ自分が生きていると思っていらしたようです。なにが起こったのかがわからず、現実が受け入れられない様子で叫んでおられ、ほんとうにお気の毒で、私も泣きながらサトさせていただきました。

家族がばらばらになり、お互いにお亡くなりになられてしまわれた方々も多く、その場で涙の再会場面もあり、人間って素晴らしいなと思いました。

神様の深い愛、そして一緒に手伝ってくださったみなさんの愛により、百八十名の方々は苦しさから解放され、幽体（死後に使う体）が楽《らく》になられていました。また、地縛霊とはならず、神裁きを受け、ふつうにあの世の修行へと旅立てることとなりました。

三月二十七日に開催されたスペシャルセミナーでも同様です。神様は、宮城県で亡くなられ、いまだにご遺体が見つからずに行方不明となっている三百名の方々の霊を会場に連れてこられ、救われました。

セミナー開始時には、亡くなられた方々の多くが、「寒い〜、寒い〜」と言い、がたがたと震えながらステージの前に集まられました。そして、そのまま倒れ込まれる方や合掌している方などもいて、苦しそうに救いを求めていらっしゃったのです。

セミナーが進むにつれ、次第にみなさんが落ち着いてこられました。苦しそうな表情もなくなっていき、サトられたご様子でした。その姿を見て私も安心し、うれしくなりました。

エピローグ

——日本人が自分の使命に目覚めるときがきた——

今回の未曾有の東日本大震災。マグニチュード9・0。

この大震災を、あなた方日本に住んでいる人間たちがどう捉え、どう考え、どう行動していくのかを、いま神は見ています。

そして、それにより、今後のことも決まります。

今回の人生を、この日本で過ごしている役目ある者たちへの神だめし、神きたえは大きい。日本は神の国…これは、地球が創られたときより、なんら変わりなきこと。あのムー大陸が沈んでしまったときも、この日本の地は、沈み残りました。そして、あなた方もそこにいた。

いまはその記憶はないかもしれないが、
そのとき、巨大な大陸の大部分が海底へと沈み、がく然としてしまっていたあなた方へ、神は告げた!!

数万年後、ふたたびこのムー大陸は浮上させる!!

そのときもまた、同じようにこの地（現在の日本）に住む者たちが、
地球を救う中心となるのだということを…。
そしていま、そのふたたび…のとき来たる。
あのとき、海底へと沈んでしまった、
ムー帝国期に栄えていたムー大陸が、地球上の地殻の大変動により、
ふたたび太平洋上に浮上する。
そのとき、逆に海底へと沈む街（陸）もある。
アトランティス大陸も浮上する。
中国やアフリカ大陸には、千キロ以上の大きな断層ができる。
大陸は、割れるほどのダメージを受ける。
地殻の変動後、世界の地形は大きく変わり、
世界地図はもちろん変わります。日本地図もです。
この大変革のときを、あなた方の魂は、
自ら望んで（志願して）生まれてきました。

あなたの魂が望んだのです。
誰のせいでもありません。あなたが決めたこと。
しかし、あなたの魂は、
今後、起こる予定となっていることにも耐えうる
強い魂であるということも間違いありません。
目覚めなさい。いま、目覚めるのです。
自分の使命に目覚めなさい。

神とともに、愛にうえてしまっている人間たちへと愛を与え、
魂救済をしていくのです。
それをすることをあなたの魂は望んでいる。
最高のやりがい、生きがいを感じる。

自分のくだらない欲やプライドは捨て、人救いにのみ駆けまわる。
人びとを苦しみから解放していくことは、
あなたにとって、最高の喜びとなること間違いなし。

多くの人間たちを、神の光の世界へと向かわせるのです。
必ず、あなたには、それができます。必ずです…必ず…。
神はこのときを、いまか、いまかと待っていました。
　これは大変喜ばしいこと。
もっと、あなた方も楽しみなさい。このときを‼
楽しい‼　と心を切り替えるだけです。
これは、使命あるどの人間にもできます。
さあ、いよいよ始めます！

　これは、二〇一一年三月十一日に東日本大震災が発生したあと、神様からいただいたメッセージです。今回の地震で多くの方が命を落とされたり、大切な家族や友人を失ったり、家をなくされるなど、日本中が悲しみに包まれました。

「日本は神の国で守られているのに、なぜこれほどまでの大災害が起きてしまったのか」――多くの方がこうした疑問を抱かれたはずです。これに対して神様は、「日本は神の国だからこそ、地球を守るため、日本にいま住んでいる人たちの魂を目覚めさせ、団結させる必要があった」とおっしゃっています。

今回の地震で亡くなられた方々の苦しみ、そして亡くなられた方のご家族や親しい方々の苦しみを、残された私たちは決して無駄にしてはいけないと思います。そして、苦渋の決断をなされた神様のご意向を汲み、日本人がひとつになり、明るい未来に向かってこの国難を乗り越えていくことが大切だと思うのです。

日本人の心がひとつになったとき、「今度は地球規模で人びとを団結させる計画も立てている」と神様はおっしゃっています。そのために小惑星が地球に接近し、最悪のケースでは地球に衝突する可能性もあるとのことです。地球規模の危機が目の前に迫ったとき、人種や国籍などは関係なく、地球全体で人びとが団結し、危機を乗り越えるための対策を練る必要があるでしょう。小惑星が地球にほんとうにぶつかるかどうかは、「そのときの世界中の人びとの心を見てから決める」と神様はおっしゃっています。

また、東日本大震災が起きたことで、今後発生するとされている「東海地震」「東南海地震」「南海地震」の予定が早まったと神様はおっしゃいました。さらに、「首都直下型地震」の予定も早めると神様は言われています。これまでの講演会では、「『首都直下型地震』は、東京スカイツリー（二〇一一年十二月竣工、二〇一二年春開業）が完成してから起きる。それまでは、神様は起こさない」とお伝えしてきました。しかし、「東海地震」「東南海地震」「南海地震」の予定時期が早まったことで、東京スカイツリーの完成まで「首都直下型地震」の発生を待っていただけるのか、少し不安に思っています。

じつは、東日本大地震が起きる前から、神様から幾度となくお言葉をいただいていました。

年が明けた今年の一月二十日の朝には、神様から「年が明けてめでたい…と言いたいところだが、そうは言ってはいられない。今年もまたいろいろなことを起こす予定となっている。それを考えればめでたいとは言えない…」とのメッセージを頂戴し、五百名ほどの方の前でこのメッセージを読みました。

新年早々にこうしたお言葉をいただき、「何がやってくるのか恐いな」と思っていました。するとその矢先、一月二十六日に九州の新燃岳《しんもえだけ》が噴火したのです。この噴火を受けて、神様が「急ぎなさい。早く人間たちを変えなさい」と言われ、私はブログの更新を急ぐようになりました。

その後、二月二日には、神様から「今年もさらに人間たちの危機感をあおり立てることが起こる。地震も起こす予定です」とのメッセージをいただきました（さらに「鳥インフルエンザが人間に感染する」とも教えていただきました。しかし、詳細はここでは省かせていただきます。感染が近いようですのでお気をつけていただければと思います）。

今年に入り、こうして立て続けにメッセージを頂戴したのち、三月十一日に東日本大震災が起こったのです。

じつは、新燃岳の噴火の前には私と娘が同じ日に同じような夢を見ていました。

私は仕事で広島にいて、娘は岐阜にいました。私が娘に「噴火の夢を見た」と言うと、娘は火山が二度噴火した夢を見たというのです。「ふたり同時に同じ夢を見るということは、噴火が近いかもしれないね…」と話をしていた二日後、ほんとうに新燃岳が噴火したのです。

東日本大震災の前にも地震の夢を見ています。それは二月十八日の明け方のことでした。二月二十日におこなわれる東京講演会の準備のため、東京のホテルに宿泊していたときに地震の夢を見たのです。

夢で見たのは知らない街でした。東京ほどの大都会ではないけれど、都市ではありました。なにより、その夢があまりにもリアルで、地震の揺れとともにガラスが「パンッ！　パンッ！」と音を立てて弾け飛ぶのです。

その夢を見た翌日、本の打ち合わせのために出版社の社長さんや専務さんとお会いした際、「今朝方、地震の夢を見ました。近々地震が来るかもしれません。知らない街だったので、東京で起こるとされている首都直下型大地震ではないと思うのですが…」と、つい言ってしまいました。

すると、その二日後の二月二十二日に、ニュージーランドのクライストチャーチでたくさんの日本人学生が犠牲《ぎせい》となる大地震が発生したのです。ですから、私が見た夢はニュージーランドの地震の予知夢だと思っていました。

ところが、三月十一日に仕事でふたたび東京に出張し、地震の夢を見たのと同じホテルに宿泊した際、東日本大震災に遭遇したのです。その時、私はひとりでホテルの十階の部屋にいましたが、その部屋で以前見た地震の夢を思い出し、「今日のことだったのかー」と思いました。夢の中では、かなり強い地震だったので、揺れ出してすぐにバッグと携帯電話を持って机の下に避難しました。

一度目の揺れの時は横にひどく揺れ、次にすぐに下からドスン‼ と突き上げるような感じの揺れがきました。なんだかたくさんの地震が一気に発生しているような感覚に襲われました。五分以上強く揺れっぱなしの状態が続き、部屋中のありとあらゆる引き出しが飛び出していました。やっとおさまったかと思うと、ホテル中に火災報知機が鳴り響き、「火事です！　火事です！」と放送がかかっていました。

私は神様に、「どのようにすればよいのでしょうか？」とおうかがいしますと、「このまま部屋にいなさい。この部屋は守る。一番安全な場所です」と言われましたので、そのまま部屋にいました。揺れ始めてすぐに、携帯電話で娘と友人に電話をしましたが、すでにつながりませんでした。

常日頃より、神様から「ある日突然始まる」と聞かされてはいても、突然すぎて何もするすべはありませんでした。それから余震がずっと続き、机の下からテレビをつけると、目を覆いたくなるような津波の光景が画面から飛び込んできたことを忘れることはできません。

神様は、「これからはどこに災害が起こってもおかしくない状況です」とおっしゃっています。神様いわく、「プレートやマントル対流の働きが活発化してきており、全世界が巨大な地震と火山の大爆発の起きる時期になってきている」とのことです。地球は生命体、つまり生きています。地震や噴火は、地球自らの生命的な危機状態に対する自己防衛でもあるのです。

東日本大震災では、北海道から鹿児島まで、ほぼ日本全土が揺れたそうです。今後は、こうした巨大地震が増えてくるようです。しかも、同じ場所に連続して起こる場合もあるとのことです。それにより、ヨーロッパが壊滅状態となり、エピローグの冒頭でご紹介した神様のお言葉にも書かれていたように、いまある陸が沈み、かつてあった大陸が浮上してきます。ただし、これは現段階での人間の心を見た際の予定であり、今後、神様は変更される場合があります。

今後、地球のメッセージを察知するひとつの方法として、空を見るようにされるといいと思います。東日本大震災が起きる前には、空に地震雲がたくさん出ていました。地震雲とは、地震が発生する前に現れる雲のことです。私も三月二日の朝、東の空から西の空へと突きさするようにシャープなかたちで長く伸びる地震雲を見て写真を撮りました。また、今後は、日本の空でもオーロラが出るなどの現象が起きる可能性があります。

こうした兆候を空に発見されたら、注意をしていただければと思います。ほかにも、動物が異常行動を見せたときも、地球のなんらかのメッセージであることが少なくありません。

東日本大震災の発生直後、長野の山奥に住居を移した方もいると聞きました。その方はかねてからこの文明が終わることを予見し、山奥に洞穴を掘って準備をされていたそうです。しかし、「自分たちだけが生き残ろうとするのは間違っている。最後まで人のことを考え、人のために生きてこそ、この文明の最後のときに選ばれる人間になることができる」と神様はおっしゃっています。

今後、巨大地震や災害が多発したとしても、恐れないでいただければと思います。もし仮に明日、この文明が終わると聞いたとしても、その最後の一日の生活もいつもどおり送っていただきたいのです。

人のために生きようと努力することが大切です。しかし、結果として人のために生きることができなかったとしても、あなたが努力する姿を神様は見ていらっしゃいます。「人のことを思って努力しようとする、その姿勢こそが人間本来の美しい姿であり、次の文明に残すのにふさわしい姿である」とおっしゃっているのです。

＊　＊　＊

二月二十日におこなわれた東京講演会の当日の朝、テレビで政治討論の番組が生放送で流れていました。その番組で政治家の討論を聞きながら、「日本はこんなことでいいのかな」と思っていると、スタジオにひとりの立派なご霊さんがいるのがテレビ画面を通して見えました。その人が誰なのかを神様におうかがいすると、「かつて内閣総理大臣を務めた吉田茂です」とおっしゃいました。吉田茂さんは、スタジオで討論する政治家を見て、「いまの政治家は情けない。日本は大丈夫か」と心配し、怒っていらしたのです。その後もずっと怒っているので、「まずいなあ〜」と私が思った瞬間、スタジオの電気が「パシン！」という音とともに消え、真っ暗になりました。生放送の番組の途中に電気が消えるのは、めったにあることではありません。その後しばらくして非常用の電気に切り替え、薄暗い中で討論が続きました。その番組を見ていた方はご存知でしょう。

吉田茂さんと同じく、神様も「日本の政治家はいい加減にしないといけない。党利党略を追求している場合ではない。そのあいだにも苦しんでいる人がいるのだから」と思われています。だからスタジオの電気を消し、目覚めさそうとされたのかもしれません。

東日本大震災による影響で、福島第一原子力発電所が危機的状況に陥りました。以前から神様は、「人間が原子を分解したり、同じ人間（クローン）をつくってはいけない」とおっしゃっていました。なかでも、人間が原子の分解をしてはいけないことは、宇宙のルールで定められているのです。

これは原子力発電所だけではありません。原子力潜水艦や核ミサイルなども同様です。宇宙のルールを破って人間が原子を分解してきた報いが、福島第一原発の放射能漏れとしてもたらされたのです。これは、世界的に進む原発推進の動きを日本から止めようと、神様がしてくださっていることでもあります。

日本に原爆が落ちたのも、「日本でなければならなかった」と神様はおっしゃっています。日本は神の国だからこそ、あれほどの恐ろしい経験を日本人がさせられたのです。にもかかわらず、人間はその恐怖を忘れ、罪となるのも知らず原子を分解し続け、利便性を追求し、欲を追い求めて文明を発展させてきました。日本に原爆が落ちた時点で神様のご意図を理解し、「日本国内に核を絶対に入れない」と日本人が悔い改めていたら、今回の福島第一原発の事故は起こらなかったでしょう。

これまで日本人は、「核燃料は安全だ」と信じ込まされ、国を挙げて原発を推進してきました。ところが、今回の福島第一原発の事故で、原発の安全神話はもろくも崩れ去りました。今回、人間が原子を分解してきた過ちを悔い改めない限り、また同じような原発事故が起こるでしょう。

原発の推進は、二酸化炭素を抑制するという目的もたしかにあります。しかし、自然エネルギーへの転換を進めても、日本の高い技術力を駆使すれば、電力需要をまかなうことができるようになるはずです。また温暖化の影響で強風の日が増えるので、風力発電は良いのではないでしょうか。

もちろん、私たち一人一人にもできることがあります。少し生活が不便になっても、節電をしたり、生活習慣を改めるなど、一人一人の心がけによって消費電力を抑えることができるでしょう。

今回の福島第一原発の事故に関しては、マイナスにばかり考えないでいただきたいと思います。人間が原子を分解してきた過ちを心から反省することで、神様に放射能から守っていただくことができるからです。常に反省して心を浄《きよ》め、神様と太いラインでつながり、天運を味方につけることで、自分の身を守ることができるでしょう。

ここで、二〇一〇年二月に神様から頂いたお言葉をご紹介します。

神様からのお言葉

この数カ月の間に、
北陸の海（日本海）に幻の巨大魚（人間が名付けた名前はある）が続々と出現している。

水深二百メートル～千メートルの深海に生息していて、
十年に一度見つかるかどうか？　という巨大な珍魚が、
石川県だけでもこの一カ月半ほどで十四件も浜に打ち上げられて死んでいた。
これはただ単に海流の変化があったから…だけでは済まされない。
この地球温暖化により、地上だけではなく、
海底の温度上昇もすさまじく進んでいる。
たまたま浜に打ち上げられ発見された数に人間たちは驚いているが、
実際は、こんなものではない。
多くの深海魚が海底の温度の上昇や有毒なガスの発生で死んでしまい、
海底に沈んでいるものもかなりいる。
以前、長良川に鮎が大量に死んで浮いていた時や、
空からオタマジャクシや小魚が降ってきた時同様、
人間たちへ警告を与えているが、なかなか一般の人びとは気付かない。
今年も夏が近づけば、ミニ竜巻を起こし、またオタマジャクシや小魚が降る。

そのことで、本当の竜巻がまた起こることを知らせる。
そして、幻の巨大魚が弱り果て、海岸へ続々と辿りつき死ぬのは、
マグマが活発化していること…
つまり大きな地震が起こる日は近いことを人間たちに知らせている。
日本海底のプレートを大きくずらせば、
その付近の地は、大きく揺れることとなる。
自分たちの周りに起こる、ちょっとした変化を安易に考えてはならない。
川に普段来ないような海の生き物（サメ、アザラシ等その他の魚類）が迷い込んできたり、昆虫の大量発生や生き物が生息場所を移動する、
大量に死ぬ…
いろいろなことを見逃さず、天変地異の前兆と理解しなさい。
そして、
それに対しての準備（心の準備、備蓄、避難訓練、周りの人びととの話し合い）をきちんとするように。

心の準備とは、そうなった時の対処方法ということだけではなく、

自分の心を正し、間違いを反省しておき、

地震が来ても生き残れる己に早く変わっておくこと。

そして、自分の周りの大切な人びとにそのことを訴え続けていくこと。

そうしていくこと（皆さんが人のために動くこと）が、

この文明を少しでも長く続けることにつながります。

人を救う時間をもう少し与えられるということです。

このメッセージは、二〇一〇年（平成二十二年）に各地で開催された講演会で私が読み上げていたものです。神様は「役目ある日本人にこれ以上罪を重ねさせないためにも、今後、原子力発電所のある場所付近にいろいろなこと（地震や竜巻の発生、大型台風の上陸等）を起こす予定である」とおっしゃっています。

このメッセージでは、日本海側でも地震が発生する予定と言われています。福井県には、現在停止中のものも含めて国内最多の十四基の原子力発電所がありますので、福井県付近で、もし今回の東日本大震災のような規模の地震が起これば、福島第一原発どころの被害ではすみません。想像するだけで恐ろしくなります。日本の人びとが、宇宙のルールをやぶり原子の分解をしてしまったことを心から反省し、脱原子力に向けて歩んでいかなくては、再び悲しい出来事が起こってしまうのではないかと不安になります。

二〇一一年三月二十日に広島でおこなわれた講演会において、神様は「地球で放射能が漏れれば、これは他の惑星にも害をおよぼすこととなる。地球以外の惑星に住む知的生命体が、今、福島第一原発に注目している。今後、上空にはＵＦＯが目撃されるようになる」とおっしゃいました。その後、やはりそのとおりに福島第一原発付近ではＵＦＯがよく目撃されています。人間たちは地球を汚染するだけにとどまらず、いつか宇宙を、他の惑星を汚染していくようになります。これをしていけば、地球は他の惑星からのバッシングを受けることとなり、地球という生命体の存続にかかわるような事態ともなりかねません。そうなってからでは取り返しがつきませんので、なんとか今、人びとに悔い改めていただきたいのです。だから私は、これからも講演会を通して多くの人びとにこのことを訴えていきたいと思っています。そして、講演会に参加して何かを感じてくださった皆様は、ぜひ自分の周りの方々に同じように訴えていってください。それが救世主（メシア）としてのあなたの役目ですから。

それでは、本書の締めくくりとして、神様のお言葉をふたつご紹介したいと思います。ひとつ目のお言葉は二〇〇七年七月十八日、ふたつ目のお言葉は二〇一〇年十月八日にそれぞれ神様からいただいたものです。

神様からのお言葉

以前より予告をしてきたが、地が揺れ出した。
これから、富士の噴火まで日本各地で地震は起こり、被害も出る。
それも、予想もできない場所での地震が起こり、学者たちも首を傾《かし》げ出す。
日本だけではない。世界中で地が揺れ、風が吹く。
ハリケーン、台風の巨大化、竜巻も多く発生し、犠牲者があとを絶たない。
さすがの人間たちも震え上がる日がくる。
すべて自分たちでまいた種…
人間は、自分たちの力を過信し、宇宙の法則を破った。
原子を分解することは、決してしてはいけないこと…
破滅の道をたどると言われ続けてきたこと…

そんな神の声を無視して、原子の分解（原子力開発、核開発）をし続けてきた。
すべてが一体である。万物すべてがつながっている。
なにひとつ切り離して考えられないのである。
地球の内部がいま、悲鳴を上げている。その叫び声を聞きなさい。
やがて人間たちには天災というかたちで返ってくる。
（怒りより、むしろあきれた様子で）
自分たち人間がいかに無力で、小さな存在であったかを思い知り、
自然破壊、環境汚染などやってきたことの罪の重さを認め、
心底反省するのです。自らの罪深さゆえ、
この地上に住めぬような状態にまでなってしまったことを、
そのとき、神に詫びるのです。
もう人間の力では、どうしようもない。
あとは、神に任せ、ただ素直に神の手伝いをしてください。
いいですね。

神様からのお言葉

今後、なにが起こっても、自分たちはこの地球を…
いえ宇宙を創造した神とつながっているのだということは、
決して忘れないでください。

自分と、この宇宙とは切っても切れないものだと認識するように。
この宇宙というのは、銀河系のみのことをさしているわけではない。
その外の、さらなる宇宙のことも含めて言っています。
あなた方の知識の上では、この銀河系のことを宇宙だと思い、

狭い範囲のごく一部の宇宙へロケットを飛ばし、

未知なる世界を探ろうとしています。

人間たちがどれほどの時間とお金を費やして、
ロケットを飛ばして宇宙空間を探索してみたところで、
この宇宙のすべてを探ることはとうてい無理なことです。

それはなぜかわかりますか？

あなた方にはいま、肉体というものがあるからです。

三次元空間に存在しているから、ごく一部の、
自由に肉体から出入りできる者たち、次元の越え方の
コツをつかんでいる者たち以外の多くの肉体をもっている魂は、

自由に宇宙の果てまで行くことを許されない。
肉体のある人間の感覚では、気が遠くなるほど、

果てしなくこの宇宙空間は広がっている。
あなた方が、肉眼で見ている星がある宇宙空間ですが、

どんどんと進んでいけたとします。何億光年もかけて、どんどん進む…すると、あなた方はふたたび元の場所へと帰ってきます。

そう、宇宙は球体なのです。

その球体の外には、さらなる宇宙が広がっている。そこには、いまの地球より進化している星（いまはこう言っておきます、こんな言い方をしておきます）がある。

行き着く先は、光の世界。あなた方も光の存在となる。

いまは肉体があり、魂があり…という存在ですから、肉体がなくなるということが（肉体をもたない存在となるということが）少し信じられない、信じたくない、さみしい気持ちになるかもしれませんが、心配はいりません。それはそれは、素晴らしい世界ですから。

いま、この地球が進化するときにきていると、以前より伝えていますが、地球自体がなくなるわけではありません。

ただ、大きくよい方向へと変化をします。

磁気（地球自体がもっている）、
引力に通ずる力のバランスと位置が変わる（地軸の変動）。
そのため、いまの一日が二十四時間であるということが変わります。
いまの時間の間隔ではなくなる。
肉体をもったまま、新しい地球（生まれ変わった地球）へと
移行できた人間たちは、少し妙な感覚に陥りますが、大丈夫。
すぐに慣れ、順応していけます。そういう人間だから残すのです。
でもある程度の体力は必要。なくてはなりません。
早くいま、霊・心・体を浄化させなさい。
素晴らしい未来があなた方を待っていますから…

あとがき

本書を最後までお読みいただき、ほんとうにありがとうございました。

この本のサブタイトルを決めるにあたり、神様にご意見をおうかがいした際、「『あなたこそが救世主（メシア）』にしなさい」とのメッセージをいただきました。「この本を手にしていただいた読者一人一人に、まわりの大切な人びとを救う救世主（メシア）になってもらいなさい」と神様はおっしゃられたのです。

私は本書で、前作の『WATARASE』と同様、心を磨く大切さをお伝えしています。しかし、いくらこの本で私の思いを伝えようとしても、読者のみなさまの身近にいらっしゃる人は、私よりも読者のみなさまのことを信じるものです。

読者の方々と魂のつながりが深く、この本を読まれている人にしか救えない人たち——そんな自分にとっての身近な大切な人びとを救済するために、あなたはこの本を手にとってくださったのだと思います。

この本を手にとられた方には、ぜひ人助けをしていただければと思います。しかし、自分がなにをするかということは、あくまでも読者の方々一人一人の意志で決めるべきことです。神様も「救世主になってほしいという神の思いを、プレッシャーに感じることはいっさいありません。この本を読んでいる人は、自然な流れの中で人助けができる人なのです」とおっしゃっています。だからこそ、あなたはこの本を手にとられたのでしょう。

「では、自分になにができるのだろう？」と思われた方がいらっしゃるかもしれません。そのように思われた場合、たとえばこの本を親しい方々に貸し出して回し読みをしていただいたり、私のブログに目を通し、大切な方々にも勧めていただければと思います。

さらに、第二部でお伝えした「奇跡の講演会」に、ひとりでも多くの方々に参加していただけるよう、働きかけていただければと思います。「奇跡の講演会」に参加することで、参加された人の意識が変わります。今後、多くの人たちの意識が変わることで、これから起こり得る大難を小難に変えることができます。だからこそ、講演会にひとりでも多くの方々に参加していただきたいのです。

本を出版したり、ブログを書くようになったりしたことで、私自身が驚いていることがあります。私の著書やブログから宇宙のパワーが出るようになり、すでに数々の奇跡の体験が報告されているのです。その詳しい内容については、次に出版を予定している書籍で書かせていただければと思います。

読者のみなさまがこの本をお読みになっているのは、決して偶然ではないのです。いつの日か、必ずどこかでお会いしましょう。その日が来るのを、心から楽しみにしています。

二〇一一年五月　大森和代

●著者プロフィール

大森和代（おおもり　かずよ）

岐阜県生まれ。

幼少のころから霊的な能力を持ち、神様より直接指導を受けてきた。未来予知、巨大宇宙船との遭遇、幽体離脱、神様との対話、霊達との対話など、不思議な体験の数々。その特筆すべき能力をいかし、現在スピリチュアル・カウンセラーとして活躍している。

また、神様より直接おろされた多大なるメッセージを伝えるため、講演会活動にゲストとして参加し、日本各地をまわっている。その講演会参加者より、体のつらい部分が楽になった等、数々の奇跡の体験が寄せられ、講演会リピーターが急増中。

さらに、読むだけで体に宇宙のパワーが入り、元気になれる、とっても癒される、体が熱くなってくるなど、続々と奇跡が起こっていると読者から声が届いている、今話題の不思議なブログ「大森和代のWATARASEまっせ!!」もアクセス急増中。

http://ameblo.jp/oomori-kazuyo/
・著書：『WATARASE――わたらせ――』（たま出版）

あなたこそが救世主《メシア》 WATARASE──わたらせ──Vol.2

2011年7月8日　初版第1刷発行
2015年10月15日　初版第4刷発行

著　　者　大森 和代
発 行 者　韮澤 潤一郎
発 行 所　株式会社 たま出版
〒160-0004 東京都新宿区四谷4-28-20
☎ 03-5369-3051（代表）
http://tamabook.com
振替　00130-5-94804
印 刷 所　株式会社 エーヴィスシステムズ

ISBN978-4-8127-0329-8 C0011